非去不可的
100個旅遊勝地

《環球國家地理》編輯委員會 編著

前言

◎撒哈拉沙漠

　　出於一種好奇的習慣，我們內在的眼睛常常越過身體所在的位置向外觀望，有時是無盡的天空，有時是湧動的汪洋，還有時是風沙彌漫的廣漠。靈魂因為太入迷而走失在這片奇妙視域的盡頭，一些問題開始沒有頭緒地躍然腦際——在世界的另一邊，會有什麼樣子的山川？人群如何生活？在他們的信仰裡，住著怎樣的神明？

　　居於一隅，卻可以憑心情在世界版圖上幸福行走的人生是快樂的。且不說地球46億歲的高齡可以換算成人類的幾度輪回，單單看它一路奉上的絕世珍品，就夠我們用呼吸、用心靈、用夢想，去追逐、探尋、回味了。所以，我們應該再把腳步放緩些、放輕些，因為，自然的神奇是無限的，總在不經意之間給我們製造一些或大或小的驚喜——除卻這些人人耳熟能詳的經典名勝，其實，我們的前方還無限廣闊，100、1000，甚至更多的地方，等待我們去放飛夢想。於是，就有了這輯《非去不可的100個旅遊勝地》。

　　《非去不可的100個旅遊勝地》共分為世界篇和中國篇兩卷，分別向心懷遠方的人們提供了100處世界和中國值得遠遊、值得駐足的風景。這些文字或許不是最美麗的，因為最美麗的文字是突然湧上人們心頭的感動；這些圖片或許也不是最美麗的，因為最美麗的圖片是人們面對著風景時候的眼睛。書籍僅僅是一張車票，從這一刻起，你要踏上新一站的旅程，開始一場繽紛瑰麗的動人歷險。

目　錄

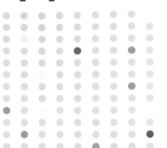

contents

Chapter 01　探索自然

Chapter 02　度假首選

Chapter 03 浪漫之都

Chapter 04 冒險天堂

Chapter 05 朝聖地

contents

Chapter 01

❋ 探索自然

落磯山脈

賽倫蓋提草原

吉力馬札羅

美國大平原

加拉巴哥群島

挪威峽灣

紐西蘭北島

北海道

潘帕斯草原

哥斯大黎加

Rocky Mountain

誘人的陽光地帶

落磯山脈

非去不可的理由 → →

自然的美讓人無可逃避，「山川之美，古來人所共談」。落磯山脈的美在於其獨特的地質成因和廣闊的地域空間。在這裡，峰巒、湖泊、林海、雪原、盆地、峽谷、溶洞、大河、瀑布，各種自然佳境不一而足，讓遊人目不暇接。

這個星球上，能夠讓你對著積雪的峰巒、溫潤的湖泊、蒼茫的針葉林海或是一無所有的荒原、岩石裸露的山體、一段新鮮出爐的文明史想起太陽，或是其他更遙遠而明亮的事物的地方，屈指數來，落磯山脈就是其中之一。在這個地方，一萬億瓦光源的

光芒隨意地打在這裡或那裡，甚至來不及回避，便照進了你的眼睛，你的幸福是不言而喻的。

記住，這裡是落磯山脈，從加拿大之西到德克薩斯，有人管它叫「北美洲的脊梁」。從這裡向外是拉斯維加斯和西雅圖，昂叫做舊金山的San Francisco，是加利福尼亞的沙漠和夢一樣的好萊塢，再向外就是大海了。加利福尼亞寒流裡，流淌著太平洋心臟的液體，按時帶來冬季和雨季。山脈向東是加拿大聯邦和美利堅合眾國，兩個建國歷史加起來不足500年的年輕國度，在這裡科技得到迅猛驚人的發展，以至於人們認為一切都會輕而易舉，包括一夜間的暴富和破產，也包括戰爭與和平。

當然，在高高的落磯山脈某座海拔4000公尺的峰頂，你可以順理成章地忘記這些。那兒的所有，構成一個純粹又簡潔的獨立世界，陽光是主題，陽光下的一切完美明亮得像剛剛被造出來一樣，時間回溯到上帝停下祂創造工作的第七天。

湖泊是落磯山脈的珠鏈，是每年數千萬湧向這裡的遊客的最愛。是的，當初晨的陽光隔著斑駁的雲影，在巫藥湖安靜的水面上投下日裡的第一縷天光時，誰不會愛上那美

🌿 遠處的落磯山脈、明媚的陽光、金黃的草地和安適的小屋，構成了一幅動人的圖畫。

INFORMATION ⚬⚬⚬⚬⚬

◎ Location　　　｜地理位置

　　北美洲的西部，是科迪勒拉山系的重要組成部分。從加拿大的不列顛哥倫比亞省與亞伯達省到新墨西哥州，縱貫美國西部，綿延4800多公里，有許多國家公園散佈其間。長年積雪的山峰、幽深寧靜的湖泊，地球上最有名的山脈景致集中在加拿大落磯山公園群的4個系列公園中。

◎ Climate　　　｜氣候特徵

　　分化的溫帶大陸性氣候，冬季降水集中，夏季則少雨，北部地區全年雨水充沛。全年溫差較大。

◎ Best Time　　　｜旅遊時機

☀ 冬季、暖春和盛夏。

妙的一瞬，誰不會換上出塵脫俗的心思？而巧的是，一隻因夜間饑餓而早起的水鴨打破了這沉寂的湖泊，於是乎一條類似於小輪船後面的水線一紋一紋地蕩漾開來，於是乎鴨鳴聲聲。再過些時候，這裡就有用過了早餐前來划船的人了。

佩托湖在陽光照得見的每個角落鋪陳開來，湛藍而慵懶得好像南太平洋上的某一個湖，然而又帶著心事重重的樣子。莫蘭湖是情人的眼睛留在那裡的，她所有的光華就在那凝眸的一瞬間綻放，讓初見的人永遠不會忘記，讓再見的人更加眷戀。瑪琳湖是雪山落落大方的戀人，她的美多半要來自於其背後雪峰的掩映。雪峰得湖泊之婉轉而壯美，湖泊得雪峰之聳峻而恬淡，山川的互美效果至此淋漓盡致。在陽光晴好的日子裡，湖泊的這一切便益發地流光溢彩，著實顯出湖光山色的佳境，使人想起「山水含清暉」的句子來。

落磯山脈是上帝著力為熱愛自然之美的人們打造的傑作。這

山谷中碧藍的湖水，被濃密的樹木峭壁所圍繞。

裡有黃石國家公園、冰河國家公園以及大蒂頓國家公園，另外在加拿大還有一個巨大的公園群。這些偉大的創造先是來自於第三紀的拉拉米造山運動，使得原本是淺海的這一區域隆起並褶皺成巨大的花崗岩和結晶岩山體，第四紀的冰川對之做了很好的塑形工作，創造出峽谷和溶洞，當然也包括那些星羅棋布的湖泊，整個過程就是這樣的鬼斧神工又驚心動魄。

落磯山脈就是這樣一個被陽光剃除了陰影的世界，以至於成為人們久為塵俗困擾的心靈所嚮往的去處，所以有人說，這裡是美洲大陸上最後的美洲。在這裡，你可以心無憂慮地迎著將沉的夕陽做一兩刻鐘的散步，也可以踩著自行車在一號公路上兜風。在那些公路旁，你會不時地撞見各樣的動物，有大角的綿羊，有成群正在過河的馴鹿，當然也有黑熊。

約翰·丹佛是不是為落磯山脈而歌的第一人，不得而知。或許在廝守此間的洪荒歲月裡，印第安人也創作過相同主題的歌，只是沒有遺留下來吧。《Rocky Mountain High》演繹的感覺是如此之好，因此讓聽到的每一個人都會害上以落磯山脈為對象的思鄉症，彷彿我們真的生自落磯山脈上的某塊岩石，彷彿我們正是落磯山脈那久久流離在外的孩子。

這裡，就是落磯山脈和它永遠是剛剛好的陽光……

不 可 不 看 的 地 方

>> 1 look
黃石公園：
　　世界上最原始、最古老的國家公園，建園於1872年，坐落在美國西部北落磯山脈和中落磯山脈之間的熔岩高原上，其中絕大部分在懷俄明州的西北地區，面積8956平方公里，海拔起伏在2100～2500公尺之間。

>> 2 look
埃爾伯特峰：
　　海拔4399公尺，是落磯山脈的最高峰，在此彙聚的海拔4200公尺以上的高峰就有48座之多。雪域陽光是該景區的一大焦點，在純淨凜冽的天宇下，閃耀著雪的光芒，美不勝收。

Serengeti

流動不息的土地

塞倫蓋提草原

非去不可的理由 → →

地跨南北半球的非洲，在這片帶著最後洪荒氣息的大陸上，人們怎樣生活？自然怎樣秉承著以往悲壯天然的風格，又怎樣迎接著文明的點滴滲透？非洲的伊甸園在塞倫蓋提，這一點是無疑的。撒哈拉太荒涼，南非太偏僻，如果去非洲請一定到塞倫蓋提。塞倫蓋提的野生動物大遷徙是有名的；塞倫蓋提的土地是沉默負重而意味深長的，讓人聯想起非洲的苦難史和民族史。

世界的伊甸園在非洲，非洲的伊甸園則在塞倫蓋提，沒有一個地方可以比塞倫蓋提更具備或者說更保有史前的形象。人類的

歷史在這裡並不值得書寫，從商周到明清，當中國正處於跌宕的朝代，中國人在創造文字和發明火器的時候，塞倫蓋提只是機械性地在重複著一件事情——形形色色的動物不斷地來來往往和生生死死。這就是塞倫蓋提，一個被上帝遺忘得徹底而純粹的世界角落。

　　馬賽人將這裡取名「永遠流動的土地」，塞倫蓋提即是這一稱呼的音譯，如果你不能理解這一點的話，就請看看動物們的來去和草木的榮枯，塞倫蓋提的土地就處在這種有韻律的變化當中，感覺起來好像一種朝潮晚汐的水體，而主導這一切的就是雨水和季風。

　　塞倫蓋提位於坦尚尼亞北部的高原，從這裡向東向西向北分別是恩戈羅恩戈羅野生動物保護區、維多利亞湖和肯亞馬賽馬拉野生動物保護區。塞倫蓋提處於這一地帶的中央，作為季節性的稀樹大草原，它責無旁貸地成為了數以百萬計的動物們的生計和庇護之地，從鼠兔牛羊到狐狼獅豹。動物才是塞倫蓋提的主角，這種說法雖略顯誇張，卻也不為過。

　　5月末，塞倫蓋提的旱季從不爽約地來到這片土地，百草在枯黃之前播下它們的種子，灌木和喬木都脫去它們的「外衣」，

塞倫蓋提大草原上的金合歡樹。這種樹的葉子遠遠看上去像一片片雲彩，在藍天碧草的映襯下美不勝收。

決意不再為吃飽了的動物們提供一點陰涼。於是太陽開始炙烤這片在雨季裡愜意了許久的土地,河床和灘塗的淤泥上出現龜裂的紋路。乾旱最先影響到群居的草食性動物們,覓食和飲水變得困難,日見窘迫的饑荒迫使牠們不得不選擇集體出走,這種出走的行列往往是極其龐大的。

從塞倫蓋提到維多利亞湖或是馬拉高原的這一段行程,往往使人想起以色列人出埃及的事情來,這是同樣艱辛而註定一波三折的旅途,沒有摩西的法杖卻有三倍的埃及大軍來圍追堵截。草食性動物的出走,使許多以之為食物的動物們變得焦灼起來,其中有詭詐毒辣的土狼,有三五成群的獅子,也有善於奔襲的獵豹,還有躲在河灘裡偷襲的鱷魚。這是肉食性動物下個雨季前最後的狩獵機會了,如果不能在這一關頭混個皮飽肚圓,接下來的6個月,餓死也未可知。

這就是動物世界的秩序,幾乎容不得我們用殘酷以外的辭彙來形容。當大隊的角馬爭先恐後地擠過一條爬滿鱷魚的河灘又留下許多同伴的屍身時,我們會真實地震撼於那種出於本能也好、集體意志也好的近乎沒道理的勇敢。而斑馬的方陣在移動的過程中接受著獅豹的一路尾隨,那些方陣往往以十多個的數目排成連

橫之勢，一路狂奔，那些脫隊的老弱傷殘，最後的命運則是淪落獅口。塞倫蓋提的旱季和它兒相畢露的野獸們是刀俎，草食性動物作為魚肉，牠們有的死了，有的活著出去並在雨季裡追隨新生的草木回來。

11月，植物的生命伴隨著雨水，降臨到了連強壯的獅子都消瘦的塞倫蓋提，沒有誰打算為這之前發生的一切作出解釋，於是鮮綠的顏色就回流到這片土地上，於是出走的角馬、斑馬和羚羊也回歸到了這裡。在歷史上的非洲無可紀念的歲月裡，這一年一度的驚心動魄的動物大遷徙是多麼的寂寞！如果要為塞倫蓋提這「永遠流動的土地」，尋找一些自始至終的目擊證人的話，那就是馬賽人——這片土地的命名者。

馬賽人活在我們的理解能力之外，這並不奇怪，出於經驗的狹隘，使我們為生活和人群定義了一個極小的圈子，馬賽人不在這個圈子裡面，同樣的，上帝也不在這一圈子裡面。這個民族住在牛糞堆起的房子裡面，著奇裝異服並在身上戴著各式的飾物。在生活中，他們並不把自己和四肢著地的野生動物劃分得一清二楚，他們才是生長於斯的本地人，他們才是非洲土地那生就純粹的黑面孔的親戚。

流動的塞倫蓋提啊，哪裡才是黑非洲的涯際？而哪一天，我們才可以看到「獅子和羔羊同臥」？

角馬又名斑紋牛羚，是一種逐草而居的大羚羊。當塞倫蓋提的旱季來臨，牠們便浩浩蕩蕩地向西遷徙，這使塞倫蓋提大草原成了「流動的大平原」。

INFORMATION

◎ Location ┃ 地理位置

塞倫蓋提位於非洲東部，肯亞和坦尚尼亞之間，方圓31080平方公里，包括塞倫蓋提國家公園和馬賽馬拉野生動物保護區，其中，馬賽馬拉野生動物保護區是肯亞最大的野生動物保護區，也是土著馬賽人聚居的地方。

◎ Climate ┃ 氣候特徵

熱帶性季風氣候，平均最低溫15℃，最高溫26℃，每年3～6月為雨季。

◎ Best Time ┃ 旅遊時機

☀ 7、8月間，塞倫蓋提的旱季。

Kilimanjaro

草原之帆

吉力馬札羅 >>>

非去不可的理由 → →

喜歡海明威的人之所以神往這座非洲人的母親之山，不僅僅因為她是赤道雪山和非洲最高的山峰。那部名叫《雪山盟》的小說裡，作者傾注了太多一個現代人對這座亙古有之的山峰的心靈剖白，這樣的剖白傷感而迷人，不禁讓人對這座休眠中的火山產生一種精神上的思歸之想。

把目光停在鋪開的世界地圖上，我們會發現非洲大陸就像一條向南欲要駛離苦難人間的大船，而它的帆就張在吉力馬札羅那裡。對此，海明威寫道：「吉力馬札羅山高大、雄偉，令人眩目地矗立在陽光下。」吉力馬札羅頂著皚皚的白雪矗立在赤道上，

這給人們帶來了困惑：赤道地帶終年炎熱為何會有雪？周圍盡是平地的草原，又何以眼前突兀現此峰？

關於吉力馬札羅，在坦尚尼亞的民間有一個神話廣為流傳。天神要在這座山上為此間的百姓祝福，卻遭到山中妖魔們的破壞。妖魔們點起大火妄想以此驅走天神，天神勃然大怒，以大雨澆熄了烈焰，又喚來冰雪將冒出火焰的洞口死死封住。這個神話代表著坦尚尼亞人對於罪惡的抵制和對美好光明事物的憧憬，也給這座山籠罩上了一層神秘的色彩。

吉力馬札羅是活火山，在它冰雪的頭盔下，至今仍有一些微妙的火山活動發生著。想到這一點，在欣賞它的莊嚴靜穆、深沉高遠時，我們亦會感受到它鼓鼓的胸腔裡，那自由奔流的血液和那怦怦作響的心跳，也彷彿聽到那滿漲的帆裡呼嘯的風聲，在召喚它腳下的那頭睡獅、那片草原、那個有著黑面孔的民族去一道航海。

沒有人說得出來吉力馬札羅的準確高度，這座山含著一種讓人測不準的精神。有人說是6011公尺，有人說是5895公尺，還有其他的說法可謂眾說紛紜，但總之可以確定的是，近乎6000公尺。在地質氣象學上，人們認為海拔每升高100公尺氣溫就會降低

從空中俯瞰，吉力馬札羅的雪峰成了漂浮在雲海中的孤島。主峰沉積了幾千年的積雪，使吉力馬札羅成為世界各國探險家的天堂。

不可不看的地方

1 look
安博塞利野生動物園：
這裡可以看到許多來來往往的動物，成群結隊的和喜歡單獨行動的，牠們是這片土地上土生土長的野生動物。最為重要的是，從這裡可以觀望到吉力馬札羅的冰帽。

2 look
基博峰：
吉力馬札羅山的最高峰，為一火山錐，海拔5895公尺，為非洲第一高峰。峰頂終年積雪，形成赤道雪山奇觀。

INFORMATION ●●○○○

◎ Location | 地理位置

　　吉力馬札羅位於坦尚尼亞和肯亞邊界的坦尚尼亞一側，是非洲第一高山，以「赤道雪山」聞名於世。山體巍峨險峻，在一片平坦廣闊的大草原上拔地而起。

◎ Climate | 氣候特徵

　　熱帶草原氣候，隨著高度上升，氣溫漸低，山頂少雨雪。

◎ Best Time | 旅遊時機

☀ 7、8月間。

0.6℃，那6000公尺的高度氣溫會降多少？難怪山上要下雪了。不同的高度上有不同的溫度，不同的溫度則意味著不同的降水和不同的植被，而不同的植被又孕育不同的動物。從山腳到頂峰會經歷5個迥然相異的溫度帶，而攀爬這座山的過程，就像從赤道走到了北極，可想而知，這是何等神奇的事情！在《阿房宮賦》裡杜牧曾經寫過：「一日之內，一宮之間，而氣候不齊。」這樣的描述對阿房宮來說，自然是過譽了，可是以吉力馬札羅而論，「一日之內，一山之間」，「氣候」誠然是「不齊」的。

　　吉力馬札羅是非洲第一高山，頂峰為基博峰，也有人稱之為自由峰。在吉力馬札羅，爬上它的頂峰並不需要專業經驗和太多的體力，如果說需要些什麼的話，那就是爬上去的意志力和一些可以禦寒的衣物。有人創造過在17.5小時裡上下山的紀錄，還有一個孩子僅用7天就登上了峰頂。

　　在吉力馬札羅山頂的寒帶，稀疏地生長著少量的地衣，那是一種倔強的植物，善於在嚴寒又缺氧的地方謀取生存所需的水分和給養，它們以極其緩慢的速度在這裡蔓延著。然而在這樣酷寒的地方，人們卻在1926年發現了一具豹的屍體，這裡的氣候將牠風乾得很徹底又

吉力馬札羅山上積雪覆蓋，但在過去的十幾年裡，積雪已經融化掉了1/3，有人預測20年之後的吉力馬札羅山主峰冰雪將融化殆盡。

保存良好，後來海明威在提及牠時發出了這樣的疑問：「牠到這樣高寒的地方來做什麼，沒有人知道。」—《雪山盟》

　　或許說來，這裡真的不太適合牠，孤寂冷清、沒有夥伴、沒有食物，只有刺骨的寒風和令人暈眩的高度。是啊，牠捨棄了下面的草原，爬上來做什麼？

　　不過，吉力馬札羅的雪似乎快消失了，曾經有人不乏傷感地撰文，「按最不容樂觀的估計，吉力馬札羅的雪將在20年間全部融化。」對此，專家們的看法不一致，有人說是全球暖化的緣故，也有人說火山在醞釀下一次的噴發，如果可以選擇的話，大概人們情願相信後者而不願意承認赤道雪山毀於我們這代人的文明進程裡。為了那樣的發展，我們付出的代價和得到的教訓已經太多。

　　當地的許多部族依然將吉力馬札羅當作他們的聖所，每年都要在山腳下獻上他們虔誠的祭品和美好的禱告。後來到吉力馬札羅的人中，再也不會有像他們那樣真心的了，他們才是世世代代居住在此間，深得吉力馬札羅真傳的光明之山的子民，他們的心裡才揣著對這座山由衷的熱愛和敬畏。

The Great Plains

野性的呼喚

美國大平原

非去不可的理由 → →

　　如果瞭解美國歷史，就到大平原上走一遭；如果不瞭解美國歷史，也請你到大平原上走一遭，因為，這裡正是攤開著的記載美國歷史的書頁。從印第安人時代到大資產者時代，這中間發生了什麼？北美野牛是怎麼一回事，黑壺酋長又是誰？

　　這裡記載著一個關於野性的、逝去已久的故事，耐人尋味。

　　美國大平原有一段時期叫做印第安或者是野牛的歷史，野牛曾經在這片大平原上大量地存在著。這是一種體形龐大的野生

動物,頭部和頸部有長毛,背部隆起,牠們雌、雄、老、少按一定的比例組成野牛群。一旦遇到大型肉食性動物的攻擊,隊伍裡那些壯年公牛便列陣對抗,圍成一個圈,牛角向外,並把老、幼野牛圍在裡面。一般而言,不管對手是美洲獅、狼,還是殘忍的熊,這樣的公牛陣勢基本上是牢不可破的,就像斯巴達三百勇士在溫泉關所列的陣一樣。在漫長的不被人煙打擾的歲月裡,野牛在這裡幸福地繁殖著,一度出現數量失控的局面。

印第安人是大平原最初的主人,也是美洲野牛遇上的第一個剋星,在印第安人獵取野牛的很長時期裡,牛和人之間形成了很好的生態平衡。印第安人是出色的野牛獵手,無論男人還是女人。在馬匹沒有被西班牙人引入美洲以前的一段時間,印第安人是奔跑著追擊和獵殺野牛的,這樣的狩獵是艱苦而收穫甚小的,也存在著極大的風險。馬匹的出現使印第安人在獵殺野牛的活動中向前邁了一大步,他們一下子從地上的奔跑者變成馬背上馳騁的英雄。英國人威廉‧布萊克莫爾在對夏延族印第安人觀察了8年後,得出結論:「他們是世界上最熟練和最勇敢的騎手。」獵取野牛使印第安人生活的一切有了著落:吃肉,取皮做衣服、靴子,用牛筋來縫補破綻,牛骨做成鞍子,牛腱子做成弓弦,甚至做成祭祀祈禱用的器物。

在印第安人活動的漫長時期裡,野牛的數目仍以緩慢的速度增長著,印第安人出於原始需求以弓刀為工具的狩獵,對於數目龐大的野牛無法構成實質性的生存威脅。

但是,當弓箭換成了來福槍,狩獵也不再是為了基本需求,人們從火車裡肆意地對著牛群開火的時候,情況就大大地不同了。19世紀60年代,往來於大平原南北的野牛群依然非常稠密。遇上浩浩蕩蕩的牛群,向東或

INFORMATION

◎ Location | **地理位置**

西起落磯山山麓海拔1800公尺等高線一帶;東到密西西比河谷地,大約沿著等高線為海拔300公尺的位置;北到加拿大的薩斯喀徹溫河;南到德克薩斯州的南部。

◎ Climate | **氣候特徵**

屬於半乾旱的大陸性氣候,冬冷夏熱。在冬季有寒流時,溫度下降很多,嚴重的霜凍可分布到德克薩斯。夏季白天炎熱,但夜晚涼爽,溫度變化很大,一年中最冷月與最熱月相比,溫差超過33℃。年雨量少於500毫米,局部變化、季節變化及年際變化都相當大。

◎ Best Time | **旅遊時機**

☀ 6～8月的夏季。

向西的旅行者都要停下來讓牠們通行，甚至鐵路的修建工程也常常為此停下來。

但是橫穿美洲大陸的鐵路正是昭示野牛悲慘命運的凶信。在鐵路的修築階段，就有職業射手來獵殺野牛，為築鐵路的隊員補充葷食。鐵路開通後的一段時期裡，從火車裡開槍擊殺野牛成為一種純粹意義上的屠殺，被殺掉的野牛屍體就一無所用地曝在荒野裡，被郊狼撕咬吞食，這一時期的屠殺是由鐵路公司組織的。繼而，人們很快地發現，野牛皮比圈養的小牛皮更適合做鞋子或傢俱，而牛骨頭可以作為質地優良的肥料在國外賣一個好價錢。於是新一輪的以得利為目的、更為瘋狂的屠殺開始了。

當野牛在大平原上急劇地減少時，印第安人困惑了，沒有野牛，他們將以什麼為生？恰恰在這個時候，「西進運動」開始了，印第安人以一種「文明」的方式被驅趕進入他們名義上「不可分割」的「保留地區」。然而，這裡並非是他們最後的庇護所，隨著發現金礦的消息公諸於世，淘金者們蜂擁而至，牧場主也因為人口的增長帶來肉食生意的發達，決意向「保留地區」拓進。於是，政府再一次向印第安人食言，派出了以驅趕剿滅印第安人為目的的軍隊。這些不義的戰爭裡最為不義的，是齊溫頓部對夏延族和阿拉帕霍族進行的屠殺，在被逼放棄原屬領地取得和解的情況下，齊溫頓率軍隊進行了美軍歷史上最無恥的偷襲，目

不 可 不 看 的 地 方

1 look
拉什莫爾國家公園：
　　坐落於南達科他州基斯通附近，是美利堅合眾國總統紀念公園，公園內有4座高達18公尺的美國前總統頭像，以巨大山體雕刻而成。這四位總統分別是喬治·華盛頓、湯瑪斯·傑弗遜、亞伯拉罕·林肯和希歐多爾·羅斯福，他們被認為代表了美國建國150年來的歷史。

2 look
黑山：
　　即拉什莫爾山，是印第安人心目中的聖山。傳說拉科達族人就是從這裡的山洞裡面生出來的，雕刻有拉科達酋長瘋馬的巨大山體雕像，與四總統像遙遙對峙。

標是熟睡中的黑壺酋長和他僅存的700族人。1924年，印第安人獲得了美國公民資格，但他們還是陷入一如既往的貧困，他們要怎樣看待名垂這個國度的歷史，卻和他們有著血海深仇的國家領導者？

美國大平原的蠻荒氣息消失了。哀怨在這裡化成瘋狂生長的麥子和玉米，長成一株哭泣的棉花，幻化成冬夜裡的寒流，從北方一道肅殺而下，而寂寞的風聲，則是那遙遠的、野性的呼喚。

Galápagos Islands

另類的進化之路
加拉巴哥群島

非去不可的理由

加拉巴哥群島位於三大洋流的交匯處,是海洋生物的「大熔爐」。持續不斷的地震和火山活動見證了群島的形成過程。

加拉巴哥群島是個絕然的單數,因為它比其他任何地方都要不可複製。

誠然,達爾文《進化論》的靈感來自加拉巴哥群島,但加拉巴哥群島卻可以作為生物進化史的一個另類被紀念。以陸生龜類的例子來說明,像是加拉巴哥群島的象龜可以長到海龜大小,甚至在每個島間,象龜的樣子也各有特點。所以加拉巴哥群島在很

大程度上，可以被看作是一個獨立的進化世界，又有人把它叫做「生物進化的試驗場」。然而，造成這種進化隔絕的力量是什麼？是周圍浩渺又玄機四伏的汪洋，或是地質時期一段滄海桑田的故事，還是另有原委？答案尚不能確定。

不過可以確定的是，在加拉巴哥群島的19個島嶼及附近岩礁的陸地和水域中，有著生物界許許多多的奇蹟。稱之為奇蹟的說法來自比較論，比如一種在此地被發現的雀類彷彿很古老又彷彿很新穎，為之命名似乎武斷，不如把它叫做奇鳥的好。諸如此類的在加拉巴哥群島還有奇龜、奇蜥、奇魚、奇蟹等，不一而足。

乘船行在遠離南美的東太平洋的赤道線上，極目所望盡是海水蒼茫，彷彿置身人間世界的盡頭，而加拉巴哥群島和它的動物世界，就在這視覺疲倦的最後一刻閃現出來。為加拉巴哥群島描寫其動物是困難的，這種困難既是數量上的也是程度上的，以至於我們只能例舉一二。

鬣蜥在加拉巴哥群島以外的陸地上生活著，沒有人認為牠們也可以是一種海生物，也幾乎沒有人認為牠們具有向水棲方向進化的潛能。但是，在加拉巴哥群島的海灘上，這種活躍的生物竟是那樣出人意料地在海洋和陸地之間進進出出，人們稱之為海鬣蜥。

而企鵝並非如想像的那樣，一味地鍾愛冰天雪地的南極，相反，在氣候和覓食

加拉巴哥群島上的軍艦鳥。

INFORMATION ○○○○○

◎ Location ｜ 地理位置

　　加拉巴哥群島（又名科隆群島）屬於厄瓜多，位於東太平洋，東距南美大陸海岸大約970公里。群島由大大小小19個島嶼及無數的岩礁組成，這些位於赤道上的島嶼，都是遠古時代由海底火山噴發出來的岩漿堆積而成的火山島，至今已有幾百萬年的歷史。

◎ Climate ｜ 氣候特徵

　　赤道氣候，多雨濕熱。

◎ Best Time ｜ 旅遊時機

　　一年四季。

加拉巴哥群島上
的鬣蜥。

條件更顯優越的加拉巴哥群島，這些黑衣白衫的紳士們過得更加快活。牠們一會兒笨拙地行進在海灘和礁石上，一會兒潛入水下急速地游泳。

在達福納島的火山口，叢棲著無數鳥類，這些鳥類在晨起的時刻蔚為壯觀，一時間百鳥爭飛、遮天蔽日。而在秘魯寒流和赤道暖流交匯的水下，魚群忽南忽北地逡巡不已，抹香鯨和加拉巴哥群島鯊魚也為捕食忙個不停，更有善解人意的寬吻海豚追隨潛水者。

獨特的生物進化現象在加拉巴哥群島始終沒有停歇，並沒有生物學家可以告訴我們這樣的腳步將何去何從。1997年那次最為嚴重的聖嬰現象之後，人們在島上發現了第三種鬣蜥，那是海鬣蜥和陸鬣蜥的雜種。有人傷感地解釋，這是海鬣蜥自感不久於地球而在陸地上留下的子嗣。

當足以代表一個物種的一個生靈在你面前死去，那個時刻是讓人惶恐的。當加拉巴哥群島僅僅剩下19座孤島空空如也地停在那裡，當冰川消融後，加拉巴哥群島被覆以洶湧的海水之時，我們該向誰掩面流淚呢？

不 可 不 看 的 地 方

1 look
聖克魯斯島：
加拉巴哥群島中的第二大島，島上達爾文研究站的巨龜保護中心讓人大開眼界。

2 look
達福納島的火山口：
鳥類的天堂，種類眾多的大量鳥類在這裡棲臥，壯觀的場面絕對是世界上其他地方看不到的。

挪威峽灣

非去不可的理由 ▶▶

挪威的峽灣久負盛名，《旅行者雜誌》曾將它評為保存最完好的世界最佳旅遊目的地。遊覽峽灣，帶給人們的是視覺和心靈的雙重震撼，震撼於山海參差之間的險奇，震撼於造物的鬼斧神工。

在斯堪的那維亞半島的西岸，有一條最蜿蜒的海岸線，山峰和海水交叉錯落地相連著。海洋向著陸地的縱深形成許多狹長的「內河」，這些「內河」不見得開闊，卻往往向內陸延伸到百餘公里的遠處，人們稱之為「峽灣」。峽灣伸入到聳峙的群峰中間，兩岸盡是千仞絕壁，到落差較大的地段，水流便一瀉而下呈傾注之勢跌落於岩石之上，頓時激起許多水霧煙霞。

Norway's Fjords ::::::

season of drea
season of

INFORMATION

◎ Location　　　　　　｜地理位置

　　挪威位於北歐斯堪的那維亞半島西部，東鄰瑞典，東北與芬蘭和俄羅斯接壤。

◎ Climate　　　　　　｜氣候特徵

　　氣候濕潤，雨量豐沛，雖然地處高緯度，但受墨西哥暖流的影響，海岸地區氣候十分溫和。

◎ Best Time　　　　　｜旅遊時機

☀ 5～7月。

　　挪威很幸運地占有這條海岸線的大部分，這也成了挪威人向世界炫耀的資本。挪威被稱為「萬島之國」，其島嶼數目達15萬之多。在該國並不遼闊的版圖上，海岸線竟有2.1萬公里之長，其曲折蜿蜒程度可想而知，無怪乎要被稱作「最蜿蜒的海岸線」了。

　　峽灣風光的美在於峰巒和海水之間的吞吐和跌宕，從這一點講來，孤高的珠穆朗瑪峰和廣寂的太平洋都不太適合作為審美對象，除非在納入審美範圍前被賦予一定的意義，比如說，珠穆朗瑪代表一種高度和境界，太平洋則可以作為一切偉大事物的寫照。

　　挪威峽灣的造化奇跡來自於幾千萬年前冰河的活動，對於這一時期的冰河活動，安徒生是這樣描寫的：「冰河一望無際地伸展開去。那是一股洶湧的激流凍成的綠色冰塊，一層一層地堆起來，凝結在一起。在這冰堆下面，融化了的冰雪悶雷似的轟隆轟隆地朝山谷裡衝過來。再下面就是許多深洞和大裂縫。」─《冰姑娘》

　　自然，其中的一些細節來自於作者的想像，但那種驚心動魄使人想來尤自膽寒的場面應該是確實發生過的，要不，今日的挪威峽灣該從何談起？

　　松恩峽灣是諸多峽灣裡的驕子，長204公里，水深竟達1308公尺。這樣壯觀，無怪乎它會榮膺世界最長最深的峽灣了。松恩峽灣的水是一面隨著遊船款款前行的可以照見人們心事的鏡子，彷彿在聆聽又彷彿在傾訴，而不經意間抬起頭來，恰巧望見七姊妹峰上光彩熠熠的積雪，耳畔又傳來佛利亞瀑布嘩嘩的落水聲，真可謂一時間極視聽之

挪威峽灣是冰河時期留下的遺跡，其景色峻秀壯麗。閃爍的燈光與湖水相呼應。

娛，令遊人覺得飄飄然有遁入神仙境地的感覺。

蓋朗格峽灣是以險出奇的峽灣，值得讚歎的是，它的兩岸多是千米以上的絕壁。蘇軾曾經寫道：「大石側立千尺，如猛獸奇鬼，森然欲搏人。」那是他遊石鐘山的感覺，但借來描述日裡的蓋朗格峽灣仍讓人覺得筆力猶遜，船行在綠水之上，仰目應是「五千仞嶽上摩天」。

里瑟峽灣則表現了更多的人文色彩，這個峽灣兩岸巨石累立。由於這裡地處南方，氣候相對溫暖，先期人類活動的蹤跡就多一些。在沒有被稱作挪威人之前，這裡的居民有另外的名字叫做維京人，他們是職業的海盜和兼職的漁民。海拔600公尺被稱作「布道壇」的巨石上有坦蕩如砥的一塊平面，這裡就是古維京人供奉祖宗天地山川海洋的祭所，而今成了遊人們遠眺大海、享受日光浴的美妙去處。

哈丹格爾峽灣的美在諸多峽灣裡面是另類的，它放棄了對險奇的追求，一任自己平和的水流恬淡地繚繞於低矮的丘巒之間，表現出田園詩般的創作風格來。如果不能趕在五、六月間果樹開花的季節來哈丹格爾，就請去哈丹格維達國立公園也好。

挪威峽灣的美是一種可供攀談的美。當你向身邊的朋友談論起挪威和挪威峽灣，請一定記得告訴他，那是世界上最蜿蜒的海岸。

挪威海岸曲曲折折地向遠處綿延著，坐船沿著曲折的海岸線航行，可以從容而悠閒地欣賞到挪威獨有的峽灣風光。

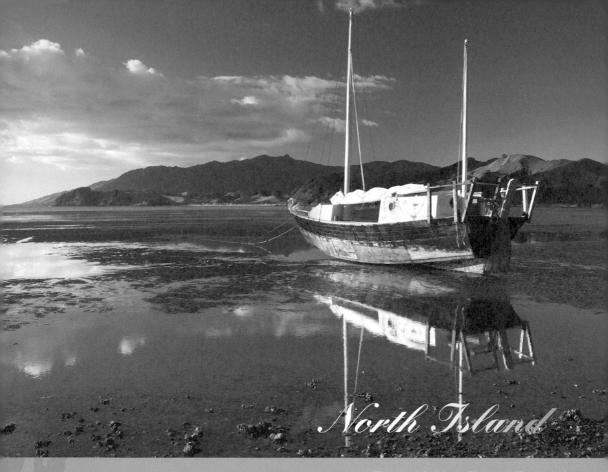

North Island

神話誕生的地方

紐西蘭北島

非去不可的理由 → →

紐西蘭北島，南太平洋上一個不諳塵俗的島嶼，最後的人間淨土。皚皚的雪峰、碧綠的大海、清澈的湖泊、茂密的森林，這裡為遊人們展現的是百分之百的原始形態，當你踏上這片土地，你會感覺到，你找到了一直在尋找的那個靈魂的家園。

紐西蘭北島，毛利神話裡稱為「毛伊之魚」。相傳毛伊從此間釣得一條大魚，並告誡他的兄弟不要莽撞處置。然而他的兄弟們並未將他的話放在心上，就在他們去撕咬魚肉的當兒，巨魚不

堪痛楚，激烈的掙扎使得大地發生了變化，於是峰巒如聚，波濤如怒。當然一切脫胎自神話的地名，都帶著蒙昧又單純的想像力之美，紐西蘭北島也不例外。

假如說世界上有些地方註定是孕育神話的，那紐西蘭北島一定是其中的翹楚。《魔戒》的導演彼得‧傑克森說：「紐西蘭散發著古老歐洲鄉間的氣息，但是也有一種奇幻的感覺，最適合拍攝《魔戒》。」在紐西蘭北島的馬塔馬塔農村，被導演和劇組敲定為劇情裡哈比屯的最佳場景，這裡有不用修飾就完美呈現的綠地、樹林、青苔、陽光、山坡和田野，一切渾然天成。

在北島上，魔戒迷們可以有更多的發現：懷卡帕帕山區前的朗吉波火山平原，客串《雙城奇謀》中魔多城前的葛哥洛斯平原；在魯阿佩胡山頂，留著《魔戒現身》裡甘道夫的遠征軍路經冰封雪山的經典畫面；《雙城奇謀》中的聖盔谷則選在威靈頓郊區的俄帕哈特。在劇情裡，這兒有一場守衛軍和邪惡群團的惡戰；還有箭城小鎮的卡威拉河；還有那片小松樹林。總之，可以不過分地說，紐西蘭北島成全了《魔戒》的系列神話。

曾有人很庸俗又不失中肯地說：「紐西蘭的草原看起來像英國，但是它的山脈卻是瑞士阿爾卑斯的，同時它透明的湖泊又似乎在義大利。」這裡的一切保持著完美的原始狀態，因此踩到的每一寸草地，都會讓你認為自己是第一個把腳印留在上面的；你所目見的每一片葉子，都會以為它們是在一夜之間為你新生的，

鮮花、綠地、遠山、藍天，一切渾然天成。

不可不看的地方

 1 look
威靈頓：
位於北島的南端，三面環山，一面臨海，天氣和暖，陽光充沛，是世界上最美麗的都市之一。整個城市平和寧靜，沒有大都市的喧囂，處處給人溫馨安定的感覺。

2 look
奧克蘭：
位於紐西蘭北島中央偏北地帶，是紐西蘭最繁華的大都市，也是經濟商業中心，被稱作「千帆之都」。

帶著那樣鮮嫩的翠綠。而皚皚雪峰映著朝陽顯出高大巍峨的輪廓，明晃晃的金沙灘上一兩個孩子嬉鬧著跑來跑去，又該是何其寫意的一幕幕呢？紐西蘭北島簡直就像世界所有美好勝地的微縮版，一切與自然有關的，安靜的、閒適的、高遠的、滄桑的美景都彙聚於此。

來北島的人如果不去羅托魯阿，似乎是說不過去的。這裡有地球上最神奇壯觀的火山地熱噴泉，高溫高壓的地熱氣體被高高

火山地熱景觀是紐西蘭的特色奇觀，在世界上其他地方很難見到。

地拋到空中，最高可達30公尺。在這裡發現的地熱景點還有滾沸的硫黃泉、泥漿翻滾的青蛙池，而波利尼西亞地熱溫泉，可以洗去一個人所有的憂愁和一切偏見。

螢火蟲洞天無疑是北島上最神氣、最有人緣的景觀了，毛利人甚至將此洞列進世界七大奇觀。這是一個巨大的石灰岩溶洞，在螢火蟲飛舞的季節裡，乘狹小低矮的木舟進去彷彿置身黑夜一樣，而不經意間抬頭，竟驀地看見漫天「星光」，那就是無數提著燈籠飛來飛去的流螢了，當情侶們看到這一幕會是怎樣激動的心情呢？或許會想起那句：「我便化做流螢，以我的一生為你點燈。」那樣情意綿綿的詩句來。而細聽身下之聲，或淙淙、或潺潺、或汩汩、或叮咚，絕對是再浪漫不過了。

北島的東北如珠璣般漫撒著一些小島嶼，數目有150多個，碧海之上，瓊水之間，流露出無窮的光彩。水溫由於洋流的作用而出奇的暖和，所以這片島嶼灣又被稱作無冬海灣，就算在冬季最冷的時候也有20℃。海豚是這片水域世界裡的精靈，很多人就是慕海豚之名而來，看著海豚與人們同遊，你一定可以感覺到，牠們就是一群不會彼此傷害的人類，好像不諳世故的孩子。

作為這裡的土著，毛利人不在少數，其開化文明程度也不在任何一個民族之下，更以其知禮好客而聞名於世，最為人知的就是他們的碰鼻禮了，那真是一種深情款款的禮節，雙目對視，以手交頸，兩額相抵。毛利人以為，人與人之間，非這樣不足以見真誠。

紐西蘭北島擁有至今仍保持原狀的大自然：100%純淨、原始，充滿生命力。白雪皚皚的峰巒、金光燦燦的海灘、晶瑩剔透的湖泊、蒼翠的原始森林。紐西蘭北島，這裡集中了世界上太多的精髓，每天都有別樣的精彩在這裡綻放。

INFORMATION .....

◎ **Location** | 地理位置
紐西蘭兩大主島中北端的一個，位於西南太平洋上。

◎ **Climate** | 氣候特徵
四季分明，年均溫12℃左右。

◎ **Best Time** | 旅遊時機
☀ 12月至次年3月。

Hokkaido

少年時代的回憶

北海道 >>>>

世界上可以像北海道一樣自稱雪國的地方幾乎是沒有的，冬天的落雪構成北海道讓人們為之著迷的充分理由。這裡的山峰和水體有太多的火山色彩，以至於一切看上去都是那樣新奇，那樣讓人神往。

北海道在日本的位置，就像是日本在世界的位置，都是極東的。在北海道，人們的視線裡有著最完整的地平線，人類的一天就從這裡開始，白晝從這裡睜開它的眼睛。

北海道無冬天不雪，無雪不冬天。北海道人對雪的熱愛，到

了癡迷的地步。當秋風吹起，楓葉剛剛紅過的時候，北海道人就在迫不及待地等著下雪了。

　　雪對於這個地域實在太重要了，從作物到人們的生活習性，都表現出對雪的依賴和普遍性的適應。這裡的雪往往是厚重的，一夜之間下個尺把深是沒有問題的。北海道的房子有著很尖陡的山牆，這樣的房子一來是維持室內溫涼，二來則是為了瀉雪。積雪由於自身的重力和融化時的作用力，會順著房頂滑下來，若房頂太平緩了就會被壓塌，這樣的事情在暴雪成災的時候也是屢見不鮮的。降雪的最大受益者恐怕要數麥子了。冬小麥在冬季來臨前長出茁壯鮮綠的葉子，但在冬季裡，這些葉子的大部分都要枯死掉，因為冬季裡是沒有那麼高的溫度和充足的養分供應它們的，這時候的麥田望上去就是一地青黃。雪季裡，白雪為這些麥田蓋上厚厚的被子來保護它們的根不被凍死，一旦溫暖的春天來了，融化的雪水就滲進泥土裡，為麥子作第一次的春灌。

　　札幌之雪是久負盛名的，札幌市每年一度的「雪祭」在這裡的大通公園舉行。在札幌，可以像雪祭一樣值得人們期待的節日，除了除夕，怕是再也沒有了吧。雪祭時，人們以自己的想像力和創造力為冰雪賦形，甚至於還要賦神。他們以冰雪塑造建築

北海道擁有迷人的雪國風光，但讓人感覺不是特別冷，給人風柔、雪軟的感受。

INFORMATION

◎ **Location** | 地理位置

　　日本第二大島，位於日本列島最北部。西臨日本海，南瀕太平洋，東北濱鄂霍次克海；西南以津輕海峽與本州毗鄰，北隔宗谷海峽與薩哈林島（庫頁島）相望。

◎ **Climate** | 氣候特徵

　　溫帶海洋性氣候。1月平均氣溫為-10～4℃，8月平均氣溫為18～20℃。年降雨量800～1200毫米。12月至次年3月有積雪，最深可達4公尺。夏季東南岸多海霧，冬季北岸和東岸有流冰。

◎ **Best Time** | 旅遊時機

☀ 12月至次年2月。

　　遼闊的大地、一望無際的草原、肥美的牧草、透明的藍天白雲、清新甜潤的空氣，都印證著存在於少年時代回憶中的一段美好時光。

物、各種卡通人物、小說和劇情人物，譬如「孫悟空」和「桃太郎」。這樣的節日並非僅僅是屬於某些藝術家的，而是全民的。

　　在北海道，你總能找到一些並非純粹的日本式的東西，比如說：地名。北海道的地名往往是古怪極了的，幾個看來根本不會發生什麼語意關係的漢字，放在一起就構成了許許多多極富詩意的地名，比如說阿寒、知床、美瑛、小樽，比如說富良野、定山溪，甚至有些地名是無法以漢字來稱呼的。這和北海道的歷史有關，這裡原來居住的是阿伊努族，這是大和民族以外的一個民族，這個民族儘管有著團結的集體和非凡的智慧，卻沒有文字，一切都是口頭相傳的。

　　北海道的島嶼和火山地形，為其創造了足夠的可供人們在旅遊方面開發的資源，像是雪山、湖泊、溫泉、港灣等，阿寒國立公園就充分地表明了這一優勢。公園由雌、雄阿寒岳和阿寒、摩周、屈斜路三湖組成，山山水水間展現著一個地質島國的美。雌阿寒岳是尚在活動中的火山，從它煙霧繚繞的火山口，可以望見有巨輪航過的鄂霍次克。阿寒湖外觀呈菱形，在雌、雄兩岳的懷抱間，像是它們眉清目秀的孩子。硫黃山上充滿了火山活動的景致，火山噴氣孔的周圍堆積著層層的硫黃結晶。這樣的噴氣孔，全山有幾十個，噴出的煙霧繚繞於山間。

溫泉是北海道給人們帶來的最應景的禮物。在日本可作為審美享受的活動有二，一是雨裡看櫻花，二是泡在溫泉裡看落雪，前者在日本的各處都是可以看到的，而後者，非在北海道則不夠味道。「湯」是日本人對溫泉的稱呼，名目繁多，諸如男湯、女湯、熱湯、鬼湯、美人湯、醫湯等不一而足。「湯」在古漢語裡，也就是熱水的意思，只不過後來漸漸地就不用了，替以雙音節的、更為委婉的「熱水」。這兩個名字，究竟何者更有意趣呢？

關於北海道，永遠也沒有一個講述者的筆力，好到可以比得上你的雙腳在這個島上走一遭來得實際和明確，你的心會在對這裡的神往中變得莫名地喜悅。

穿梭於花海之中，感受著大自然迷人的風景。

不 可 不 看 的 地 方

1 look
阿寒國立公園：
位於日本北海道東部的網走、釧路、十勝之間，公園由雄阿寒岳、雌阿寒岳和三大火山湖（阿寒、摩周、屈斜路湖）組成，主要風景是原始森林和火山湖泊。

2 look
支笏洞爺國立公園：
有「火山博物館」之稱，位於北海道西南部渡島半島的尖端，後志火山群的中心，山嶽多為火山，湖沼亦多由火山活動形成。

牧羊人的歡歌

潘帕斯草原 >>>>

　　世界上可以稱之為開闊的地帶有三類：海洋、沙漠和草原。然而海洋太盲目，沙漠過於荒涼，獨有草原可以放牧我們久久閉塞的視覺。潘帕斯正是這樣的草原的代表。而且在這裡還有一個讓人神往的國度——阿根廷。

　　如果喜歡無遮攔的晴空和不帶樹木的草原風景，心裡又多多少少地藏著一些歸牧情結的話，請去潘帕斯吧！

　　「潘帕斯」一語來自印第安克丘亞語，謂「沒有樹木的大草原」。這是一種獨特的植被類型，僅限於南美洲。在潘帕斯草原的氣候與水的條件下，並非沒有可能生長一、兩種耐旱的樹木，可是潘帕斯的樹木只是固執地生在沿河的兩岸，在空曠的草原上，像走廊一樣構成潘帕斯與眾不同的風景。

　　「高卓人」是潘帕斯群落的主人，是南美洲真正的牛仔和牧羊人。他們是早期來到這裡的西班牙人和印第安人的混血後裔，有著火一樣的性情和吟遊詩人般的敏感神經。在這裡，他們騎著馬，趕著牛羊，在每一個水草肥美的地方撐起他們的帳篷，又在幾日後向他方拔進。在這種遊牧的生活方式中，阿根廷建構著以高卓人精神為基礎的國民風尚，比如說他們的足球，比如說他們

的探戈。

安地斯山脈縱貫阿根廷的西部，綿延3000餘公里，在科迪勒拉山系處構成它與智利的國界。阿根廷的地形總體上來講是西高東低的，但就局部而言，也不盡然。東部是廣闊的沖積平原，在其海拔不足200公尺的土地上，兀自矗立著南美第一峰——阿空加瓜山，6960公尺的高度足以讓它睥睨整個國度。北部的格蘭查科平原是沼澤地，南部是巴塔哥尼亞高原和沙漠，而所餘國土的中部和南部，便是壯美富饒的潘帕斯大草原了，這裡向來被稱作阿根廷的「糧倉」和「肉庫」。

阿根廷人對自己所牧養的，用以取皮食肉的牲畜，存在著獨特的感恩之心，這種情況在牧區裡尤其明顯。在阿亞庫喬，人們甚至為此創立了一個牧犧節，在這個節日裡會舉行精彩的騎術比賽和盛大的歌舞演出，也有馬賽。由於這個節日是如此的出色，因此從1970年創立以來，很快就征服了全國人。

布宜諾斯艾利斯是阿根廷人在南美洲的驕傲，也是南美洲在世界的驕傲。這座臨近美麗的拉普拉塔河的城市是阿根廷的首都，有人把這裡稱作「南美巴黎」，歐洲風情在這裡實在是太濃

夕陽餘暉中的潘帕斯草原，靜謐、優雅而迷人。

INFORMATION ○○○○○

◎ Location	地理位置

位於南美洲南部，阿根廷中、東部的亞熱帶型大草原。北連格蘭查科平原，南接巴塔哥尼亞高原，西抵安地斯山麓，東達大西洋岸，面積約76萬平方公里。

◎ Climate	氣候特徵

夏熱冬溫，年降雨量1000～250毫米，由東北向西南遞減。以500毫米等雨量線為界，西部稱「乾潘帕」，東部稱「濕潤潘帕」。

◎ Best Time	旅遊時機

☀ 南半球的夏季。

郁了，不禁讓人以為自己正迷失在倫敦的某一條街道上，以為從前方的某個街角轉過去就會看到聖母院大教堂。

火地島的南端有一個小城叫做烏斯懷亞，阿根廷人不客氣地稱其為「世界之端」，有點中國人謂之「鹿回頭」、「天涯海角」的意味。小城幹道的一邊是紅白或青白的小房子，另一邊是隔斷海水的濱海公園，所以就算時間來不及，能驅車從這條道路上瀏覽風景，也已經是莫大的幸福了。這條美麗道路的盡頭，便是「世界之端」博物館了。火地島的命名原因並非是地理或是地質的，而是因為此間的紅葉在盛季裡像是熊熊燃起的烈火。

在潘帕斯的阿根廷，你找不到一點陰霾，無論是從它玄遠晴朗的天上，還是從你無端喜悅的心裡。在這裡被唱響又唱響的，是牧羊人那不知疲倦的歡歌。

不 可 不 看 的 地 方

look

1 >> 馬德普拉塔：

馬德普拉塔意為「銀海」，位於布宜諾斯艾利斯以南40公里處，是大西洋沿岸的海濱城市，阿根廷人首選的度假地。它是阿根廷唯一一個允許賭博的城市。

look

2 >> 烏斯懷亞：

烏斯懷亞是坐落在火地島最南端的小城，阿根廷人把它稱為「世界之端」。

用眼睛呼吸的半島

哥斯大黎加

哥斯大黎加，這個熱帶洋面上縈繞著加勒比海盜神秘氣息的半島國家，有著太多我們不知道的古老秘密和太多我們不熟悉的美麗風景。沒有找到更好的名稱之前，請讓我們稱其為天堂。

哥斯大黎加本沒有太多的島嶼，但在其國土面洋背海成狹長分布的情況下，我們不妨將它視為一個半島國家。這個國家有太多值得玩味的東西，例如：這是世界上第一個不設軍隊的民主國家；在很長的一段時期內，加勒比的海盜們活躍在這裡，並將劫奪來的寶藏有意無意地埋藏；以及印第安人和阿茲特克人的歷史。

Costa Rica

season
of dream
season of love

INFORMATION ○○○○○

◎ **Location** | 地理位置

哥斯大黎加位於中美洲地峽。東臨加勒比海，西靠北太平洋，有著1290公里的海岸線。

◎ **Climate** | 氣候特徵

屬於熱帶和亞熱帶。

◎ **Best Time** | 旅遊時機

☀ 一年四季。

作為一個小國的國民，哥斯大黎加人是幸福的，在這裡閃現著「小國寡民」的理想。政治在這裡幾乎是多餘的，假如有必要，完全可以像軍隊一樣被裁撤掉。人們在這裡種植香蕉和咖啡，並以自己的勞動成果供應世界。

科科斯島是東太平洋在熱帶唯一擁有雨林的島嶼，是上帝寫在哥斯大黎加旁邊關於創世紀活動的完美句號，1997年被聯合國寫進《世界遺產名錄》。這座24平方公里的島嶼，從地形、海

晚霞染紅了天空，染紅了海水。

流、物種、歷史方面來說，都是夠獨特的。充沛的淡水資源和食物供應，曾在一段時期內大量地吸引海盜們到此落腳，這中間鼎鼎大名的有愛德華‧戴維斯，威廉‧湯普森和博尼圖，他們在這裡埋下的寶藏至今還沒有人能找到。海盜們留在這裡的「業績」是如此傲人，以至於人們一致認為科科斯島上的藏寶之多居世界之首。

但科科斯島完全不需要任何的外來寶藏來增添它的魅力，它就是世界的渾金璞玉，搬挪不走、取之不盡又用之不竭的。這座島嶼地形複雜，處處可見結著累累果實的熱帶植物。充沛的降水在島上形成河流，向著地勢較低處流向大海，從沿海百餘公尺高的斷崖上，水流飛瀑直下跌落在青色的大海裡，濺起潔白碎玉般的水花，轟鳴不已。

科科斯島上的生物演繹著大自然的悸動。

科科斯島距最近的陸地也有550公里，加之島上並沒有原始的定居者，便形成了一座天然的野生動物保護區。島上有97種鳥類、2種當地特有的瀕臨滅絕的爬行動物、57種甲殼類動物、500多種海洋軟體動物、800多種昆蟲、300多種海水魚、5種淡水魚，還有海豚及大量的浮游生物。這裡的珊瑚礁由18種珊瑚蟲生成，它與印度洋的珊瑚礁品種有著相似的構成。從天上飛的鳥類，到地上爬的蟲豸，再到水裡潛游的魚類，品類不可謂不盛。

把環保工作做得像哥斯大黎加這樣好的國家，世界上是找不出幾個來的。這個僅有51100平方公里領土的國家，有1/4面積是野生動物保護區或是自然保護區，此舉絕對是當之無愧的世界第一。徜徉於這裡的中美洲落葉林小道，坐臥於許多斑鳩起起落落的海灘，你也許會明白人類在善待自然的時候，也會得到自然何等美好的回饋。

哥斯大黎加就是這樣展現了這個世界人類的福祉與自然和諧地共進退的完美理念，這個國度的許多舉措都體現著人們關於體和用、取和捨的明智選擇。

如果去哥斯大黎加，就請睜大眼睛，因為哥斯大黎加的美會屏住我們的呼吸，保留我們的視覺和心靈。

悠然的吊床，清新的空氣，徐徐的海風，呼吸在這裡似乎要停止了。

Chapter 02

∴ 度假首選

Hawaii

浪漫的代名詞

夏威夷

非去不可的理由 → →

聽聞你要去夏威夷，美國人會說：「啊！火奴魯魯？你要去天堂？」夏威夷就是這樣一個美國式的天堂，這一形象從美國本土漸漸地傳播到世界各地，人們越來越認同夏威夷的浪漫是沒有地方可以與之相抗衡的。這裡擠滿了來自各地的戀人們，或許他們的行程和各自的故事不同，但相同的是，皆與浪漫和愛情有關。

浪漫有兩個名字，一個叫做法國人，另一個叫做夏威夷。夏威夷到處閃爍著迷離的美，這種美完全由一種叫做夢的材質

構成，構成海灘、構成戀人、構成晚霞、構成月光、構成天堂鳥花、構成穿戴花環的夏威夷女孩、構成問候世界的「阿囉哈」、構成美利堅合眾國的第50個州。

夏威夷群島來自一場距今並不久遠的海底火山運動，山口的熔岩冷卻凝結之後不斷地積累，直至從太平洋底下隆起到海面上。最初發現這裡的是波利尼西亞人，「夏威夷」的稱呼即來自他們之口，意為「原始之家」。夏威夷群島由8個火山島組成，分別是夏威夷大島、毛伊島、歐胡島、考艾島、尼豪島、莫洛凱島、拉奈島和卡霍奧拉韋島，火山在這些島嶼上時有活動。

夏威夷年輕的生命，同它要為人們演繹的感覺是基本吻合的。如果說巴黎的浪漫已經有了太多歷史羈絆的話，那新生的夏威夷，它的浪漫則是明快的、自由熱烈的。所以，沒有一個地方可以像夏威夷那樣讓戀人們無所顧忌地盡情擁吻，也沒有一個地方可以奢華到像夏威夷那樣不計成本，浪漫在這裡是露骨的。

熱帶植物特有的美隨意地播撒在夏威夷的海灘上，棕櫚樹闊大的葉子淺淺地掩映著，形成一團團傘蓋般的

蔚藍的海面、軟軟的沙灘、光著腳丫玩耍的孩子，一切都是那麼生動而寧靜。

INFORMATION ·····

◎ **Location** | 地理位置

夏威夷是位於太平洋的一組群島，由許多火山島和珊瑚島組成，是美利堅合眾國的第50個州，也是它的重要港口和軍事基地。

◎ **Climate** | 氣候特徵

熱帶海洋性氣候。終年溫度較高，

且受海風、地形的影響，降水很多，植被為熱帶雨林。

◎ **Best Time** | 旅遊時機

北半球的夏季，春秋也可以。

迷人的棕櫚樹林是夏威夷最標誌性的風景。

濃蔭,在濃蔭底下喝一杯綠茶,躲避正午灼人的陽光,慵懶地看著不遠處潮來潮去,這樣的享受是再愜意不過的了。

葉腋裡結著青果的椰子樹有著異乎尋常的挺拔樹幹,在海水浸漫之處的海灘上,三三兩兩地生在一起,像是一對對相視無語、會心微笑的伴侶,陣陣多情的海風吹得椰葉婆娑作響。如果趕得上鳳凰花和合歡花盛開,那將是夏威夷海島上讓人永生難忘的美景。鳳凰花有著鮮紅傲人的顏色,在翠綠的枝葉中間愈發顯得美豔欲滴;合歡的葉子小巧細碎,連它的花都是過分纖柔的,花色是粉紅的,一團團一簇簇地擁擠在一起,讓人對它的憐愛就在看到花開的那時呼之欲出。

在夏威夷,有一種花可以被稱作花中之魁。這是一種大型的四瓣花,黃橙的花瓣伸向前後左右的四方,從相對的兩片看來,像一隻欲飛的鳥兒,而它一前一後的兩枝花蕊,則像極了鳥兒那伸長的脖頸和踞伏的身體。它的花蕊是紫色的,蕊心則是米色和深橙色。這樣一朵花被一個硬挺翠綠的花托微妙地承起,呈拋射狀地將花兒驕傲地舉向天空。這是一種何等神奇的花兒,以至於人們在發現它之後,讚歎地認為此花只應天堂有,遂名之「天堂鳥花」。

夏威夷誠然是浪漫的，但這種浪漫究竟始自何時，則沒有人可以說得上來。然而，有一點似乎比較明確，夏威夷的浪漫感覺是美國人一手培植的。在20世紀前期，這裡就作為宣揚中的美國式天堂被搬上銀幕，後來好萊塢更將這裡作為一切浪漫鏡頭拍攝的首選之地，而它的觀眾們從來沒有對此感到厭倦過，可見浪漫是人生存中多麼不可或缺的元素。

波利尼西亞人是夏威夷的原住民。

貓王可以算是歌手中頂浪漫的一個了，他是這樣為夏威夷歌唱的：「哦，夏威夷，你是我美麗的故鄉。蔚藍的海水，浸透著我的身體；蔚藍的天空，遨遊著我的夢想……」

夏威夷的州府火奴魯魯，另有一個為華人熟知的名字叫做檀香山。19世紀末，孫中山先生就是在這裡創立了興中會，作為一介書生，「身無分文，心憂天下」的革命浪漫主義，豈不足為此間的中華民族精神寫照？時至今日，檀香山的街頭依然留著孫中山先生的銅像，頸上不時地掛著人們向他敬獻的花環，那是一個仁愛和平的英雄所應該受到的禮遇。從檀香山向西10公里就是珍珠港了，這個在二戰裡出名的軍港而今因為21世紀初的一部經典大片愈發出名，傍晚的落日常常把這裡的雲彩和每一處天空映得通紅，幾乎要燃燒起來了。

夏威夷是熱帶裡的大自然的畫布，造物主在那裡畫下湧動的大海和靜止的沙灘，畫下樹木和花朵，畫下月亮和太陽，最後在署名的地方畫下人類和他們的夢想……

不 可 不 去 的 地 方

1 look

恐龍灣：
　　位於歐胡島的東南邊，有許多的珊瑚礁及魚類，是自然保護區，也是最佳的潛水場所，整個海灣的山勢像彎曲的大蜥蜴環抱著。

2 look

莫洛凱島：
　　島民約有6000多人，由於他們樸實好客，因而該島有「友善之島」的美稱，這裡也是呼拉舞的誕生地。島上還有許多地方尚未開發，喜歡原始風光的旅客，適合到此探險。

不可不看的地方

Take My Tips!

世界風華館 系列

非去不可的100個旅遊勝地‧世界篇

度假首選

49

The Lake District

英格蘭湖區 ▷▷▷▷

非去不可的理由

在英格蘭的北部，水是山巒和田野的靈魂，潤澤著這裡的一切，自然也包括人們被現代生活擾動和傷害過的心靈。在英國文學史上的地位，也使這片明淨的山水陡然生輝，這裡的山山水水都被湖畔詩人們深情地吟詠過，幾乎可以作為文人、畫家們寫生的絕佳去處了。

以山水製詩的盛世，在中國的古代，大約出現在魏晉時候。孫綽對庾亮說：「察此子（衛君長）神情都不關山水，而能作文

（作問語）。」評價一個人的創作能力，這樣的標準雖然失之武斷和偏隘，但在文學批評史上很長的時間裡，一直被泛泛地引用。在西方文學史裡，也有這樣一個以歌頌自然風光、吟詠山川田野而出名的詩人集團，通常謂之「湖畔派詩人」，而伴隨著華茲華斯、柯勒律治的名字響亮起來的是英格蘭湖區的名聲。在英格蘭的北部，儘管這裡有著全英倫最大的湖泊和最高的山峰，但在未被詩人們以善於發現美的眼睛和工於表現美的筆觸挖掘以前，這裡只是寂寂無聞，再普通沒有的鄉下而已。

由此說來，湖畔派詩人們可算是將湖區開發作景區的先驅了，然而，這句話反過來講也未嘗不可。正是這些明亮婉轉如天使眸子般的湖泊，湖畔上的青草低樹以及遠處的農家炊煙，給這些詩人以大都市裡難得覓見的靈感，從而使他們的創作源源不斷。華茲華斯在英格蘭湖區住了一輩子，他的習慣就是在這裡的小道上步行，順便捕捉可以入詩的每一寸景色和每一個思想，不論陰雨泥濘。這樣的步行他進行了50多年，也就是說在現今英格蘭湖區的步行道上，你腳下的每一處泥土幾乎已被他踩過了，這個詩人是這樣講述這片湖區對他的影響的：

「從自然和她那充滿活力的靈魂裡我獲得的如此之多，我所有的思想都被沉浸在情感之中……

我感到生命的思緒擴散在所有那運動和似乎靜止的萬物中。」

英格蘭湖區給人以創作欲望和靈感的說法是可以實地考察

高遠的藍天、安靜的湖泊，想必這就是人間仙境吧！

INFORMATION

湖區位於英格蘭西北海岸，靠近蘇格蘭邊界，方圓2300平方公里，是英格蘭和威爾斯的11個國家公園中最大的一個。湖區擁有英格蘭最高峰斯科費爾峰和英格蘭最大的湖溫德米爾湖。坎伯里山脈橫貫湖區，把湖區分為南、北、西三個區，湖區北部最大的城鎮是凱斯維克。

湖區夏季平均氣溫為16℃，冬季平均氣溫為4℃。

☀ 春夏之交或夏季。

的。湖區有16個湖泊，錯落有致地散佈在蒼翠的群山懷抱間。要說這些湖泊給人的感覺千篇一律是不妥的，相反，它們表現出一種連貫又不重複的美感來，個個都讓人心生疼愛，湖湖都教人流連欲醉。

純粹的湖是乏味的，要與山色相輝映方可彰顯出「湖光山色」的十分佳境來，而巧的是，英格蘭湖區從來不乏景色出眾的山脈，此外還有瀑布和河谷，如此絢麗多彩的布置不由得使人感歎上帝在造英格蘭時費了何等匠心！

在溫德米爾湖，開闊的水面迎著當地時間六點鐘的太陽在你眼前鋪開粼粼的波光，盈盈一水之間，或許我們真的可以為享受這樣一個美妙的早上而放棄憂慮又忘記了生氣。傑出的英詩作家濟慈說溫德米爾湖可以「讓人忘記生活中那些年齡和財富的區分」，誠然是這樣的。湖區周圍的小鎮帶著幾分羞澀地掩映在樹林裡面，帶著英格蘭特色的小石屋往往是其貌不揚的，但它的門前一定有一叢以其鮮豔的花色和旺盛的生命力讓你永生難忘的花兒。布穀鳥、知更鳥和夜鶯的鳴叫，喚來春天或是幽會的情人們期盼的某一個時刻，這時你一定可以為自己讀過的某一部愛情小說找到幾個貼切的景物原型。英格蘭小鎮的生活如果不是詩歌的，又不是小說的，那就一定是童話的了，那個以名字叫做彼得的兔子為主角的故事還記得否？

走在英格蘭湖區的步行道上，白癡也會成為詩人。這是世界上最有韻味的小道，當繁茂的樹葉遮住午後的陽光，又故意疏漏其中的一兩縷打在潮濕的路面上，當初秋裡第一枚或紅或黃的落葉在你面前搖曳而下，帶著欲言又止的幽怨，當南風吹著遠處人家炊煙和晚飯的香氣襲亂你的頭髮，你怎麼可以說你對這些無動於衷，又怎麼可以宣稱這一切與你無關？

Maldives

馬爾地夫

非去不可的理由

俯瞰馬爾地夫，一望無際的海面上，星羅棋布著一個個如花環般的小島，猶如天際抖落而下的一塊塊翠玉。小島中央是綠色，四周是白色，近島的海水從淺藍、水藍到深邃的藍，藍得如此晶瑩剔透，令無數遊人流連忘返。

馬爾地夫就像它那幅經典的廣告畫一樣，在兩株椰子樹的中間，藍天碧水相連的地方停著一艘白帆船，整個椰子樹的樹影是渾然的墨綠，同外面的陽光暖色調形成極大的視差，讓人不禁有一種錯覺——時間在這裡凝固了。

阿拉伯人在航行中發現了馬爾地夫，他們的船隻在這裡找到

了可以拋錨的寧靜海港。在短暫的停泊期間，他們發現這個袖珍島國上的生活是那樣愜意，便紛紛留在這裡成為島上初始的居民。

來馬爾地夫有兩件事是旅遊者最大的享受——潛水和垂釣。這裡是非專業潛水者的天堂，在水下30公尺的深處，海底披上一層夢幻般的顏色，身邊的植物和腳下的沙石都是搖擺不定的，彷彿深處的海水賦予它們別樣神秘的生命力，小鯊魚和魔鬼魚會好奇地圍著你上下打量。或許，在每一個潛水愛好者的心裡最期待的事情，便是能有一次與魚共舞的機會，在馬爾地夫，你可以輕而易舉地實現。另外，不管你是不是熟稔垂釣的老手，都可以在馬爾地夫的珊瑚礁上釣起一尾大石斑魚，在為自己的收穫欣喜之

馬爾地夫的海水是透明的，海底的珊瑚彷彿伸手可及。

餘，看看傍晚濃醉的斜陽，把目光和心情一起放在此時似要漸漸睡去的安詳海面，你會覺得自己擁有無限的時間和空間。

馬爾地夫的島嶼雖然被海水相隔，但卻有「多尼船」連接它們。這是一種古老的交通工具，2000多年來人們一直使用它，

INFORMATION ◦◦◦◦◦

◎ Location ｜地理位置

印度洋上的群島國家，南北長820公里，東西寬130公里，位於印度南部約600公里和斯里蘭卡西部約650公里處。由26組自然環礁、1190個珊瑚島組成，分成19個行政組，分布在9萬平方公里的海域內，其中200個島嶼有人居住。

◎ Climate ｜氣候特徵

位於赤道附近，具有明顯的熱帶氣候特徵，無四季之分。年降雨量2143毫米，年均溫28℃。

◎ Best Time ｜旅遊時機

一年四季。

從桅杆到船身，從帆布到纜繩無一不來
自椰子樹。由於每個島的面積實在太
小了，政府在開發這些島上的旅遊業
時，基本是按照「一島一酒家」的思路
來的，如果你吃膩了一家酒店的飯菜，
或看夠了一座島上的風景，想換個新鮮
的話，那就自己划著船，愛去哪家去哪
家。馬爾地夫就是這樣在狹小的地理空
間裡給你來去的自由。

在馬爾地夫海水清澈得幾乎像沒
有的淺灘上，鋪一張浮墊，曬上那麼一
小會兒日光浴是世界上最棒的事情。海
風從某個可愛的角度淡淡地吹過來，撩
亂你的頭髮又掀起你手上書頁的一角，
多麼的自然、多麼的愜意，充滿讓人驚
喜的詩意。看看水中那些無法叫出名字
的小魚不知勞累地游來游去，似乎真有
些莊子那種「子非我，安知我不知魚之
樂」的逍遙遊境界。

馬爾地夫的首都馬律非常小，幾乎
不能稱作是一個國家的首都。在這裡，
10萬人居住在不到3平方公里的城市，
沒有柏油路、沒有機動車，只有高高瘦
瘦的英國式老房子。人們步行在白沙道
上，最多也就是騎自行車，街頭上聳立
著伊斯蘭教的白色建築，那些建築誕生
在17世紀，島民至今多信奉伊斯蘭教。
蘇丹公園幾乎可以算做這個國度裡最為
古老的歷史痕跡了，曾經一度遭到破壞
幾至毀滅，劫後餘生的部分亦因此變得
更寶貴，它在陽光下靜穆地站立著，為

馬爾地夫的海水藍得驚人，藍得讓人心跳，
藍得讓人想與它融為一體。

這個國家默默地做出注解。馬律是整個國家的超級市場，人們擁到這裡採購生活和生意上的所需。此間的居民簡單樸素地活著，不喜歡浪費，也不喜歡爭吵，新鮮的水產在馬律的魚市被源源不斷地供應給每個島民和慕名前來的遊客。

　　由於生活得太閒適，時間在外部的世界裡點滴地流去，你卻發現這好像與你無關，不必擔心上班的鐘點，不必擔心某個約會，不必擔心考試，不必擔心變老，生活在馬爾地夫，時間停頓了，你可以隨便地做這做那，或者什麼都不做，你成了自己生命全權的主宰。

　　馬爾地夫沒有過去，沒有將來，只有現在，一切剛剛好。

 高大的椰子樹下，躺臥在悠然的吊床上，夕陽下的馬爾地夫別有一番情趣。

不 可 不 看 的 地 方

1 >> look
椰子島：

　　距機場3公里，距首都馬律約4公里，是馬爾地夫首屈一指的度假島，也是馬爾地夫接待各國領導人的度假島。

2 >> look
拉古納：

　　拉古納的沙灘稱得上是馬爾地夫度假島中最美的一個。在這裡，每個人都能輕易地感受到陽光、沙灘與海水的包圍，沙灘好似一條白色的玉帶纏繞著整座小島。

Switzerland

世界的公園

瑞士

非去不可的理由

　　如果說世界上許多地方的美是鋒芒畢露的，那麼瑞士的美則是內外兼修，沒有一個地方的哪個景點可以比它更加日常化。瑞士就是一座天然的、不經雕琢的花園，這裡的山山水水都出自它的本來面目。

　　1815年維也納會議後，瑞士成為永久中立國，從此不問戰爭。對於粗暴的世界裡有這樣一個安寧的所在，人們欣慰之餘，

親切的稱瑞士為「世界公園」。

然而，成其為「世界公園」的不僅僅是人為成就的寧靜和平，有著阿爾卑斯山和日內瓦湖傲人風景的瑞士，從來不覺得自己比其他國家在旅遊資源方面缺少什麼，倘為「世界公園」桂冠的所屬再度投票的話，可以斷言，依然非瑞士莫數。

為瑞士寫盡它的美是徒勞的，因為這根本就不可能。從阿爾卑斯山到日內瓦湖，可以入詩入畫的角角落落俯拾皆是。每一寸山水都有它可人的佳處；每一個村鎮都有它獨特的風格，再具體到某一株綠樹、某一朵鮮花、某一位老人、某一座房子……值得書寫的實在太多，又如何一一窮盡於筆端？這樣說來，在瑞士，最好的詩人只能緘默，而最棒的畫家也

只能為洛桑小城畫出它哥德式建築尖頂的一角。我們對瑞士的描述也只能停留在浮光掠影、管窺蠡測的毫末上。

阿爾卑斯山受造於自然，在文明裡被雕琢。在希爾頓飯店的旋轉餐廳裡，你可以俯視腳下的山色，也可以乘著火車自如地從日內瓦趕到少女峰去看冰川，許多纜車可以讓你足不染纖塵地登上某座山的巔峰。從少女峰到阿萊奇，是阿爾卑斯山最大的冰

雪山是瑞士的靈魂，終年銀裝素裏的雪山成為登山、滑雪愛好者的天堂。

不 可 不 看 的 地 方

1 look
日內瓦：
　　城市和湖泊都以此命名。可以遊覽的地方很多，大花鐘、日內瓦湖的噴泉、加爾文改教牆、聯合國大廈、山坡花園等等。

2 look
阿爾卑斯山：
　　這裡集自然和田園風光於一身，多森林和湖水，是夏季的避暑勝地，冬季的運動之鄉。少女峰、琉森湖、圖恩湖以及阿萊奇的冰川都是山區裡值得前去的勝景。

Take My Tips!

瑞士人很好地將自然風光與民居建築結合起來，美麗的琉森湖也是瑞士聯邦的發源地。

川——阿萊奇冰川，這條冰川在2001年被聯合國教科文組織列為世界自然遺產。在這條千古冰川之上，你產生出的第一個困惑肯定是：誰主宰了這些？

除了冰川，琉森湖也是一道美麗的風景，附近還有石獅和「瑞士老屋」等景點。在琉森曾經有一個讓人費解的發現，1872年，這裡出土了一些棕櫚樹、恐龍以及大象的化石，這些化石毫無疑問地暗示了一個炎熱時期曾經在冰川時代以前存在過，可真的是這樣嗎？沒有人作出回答。

每年，大量的天鵝棲息在蘇黎世湖。牠們愛極了自己映在蘇黎世平靜湖面上的影子，每每低垂著脖頸，或是乾脆將頭藏在翅翎底下安心地睡上那麼一會兒，似乎連最吵鬧的遊人也不會打擾到牠們。日內瓦湖最值得一書的就是它的噴泉，這種噴射是極其壯觀的，幾乎從日內瓦市的任何一個地方都可以看到。500升的水量可以噴起100多公尺的高度，其場面可想而知，許多人也正是慕名來到這裡。日內瓦湖在閒適的時刻裡是明朗潔淨的，連同周邊的樹木遠山、高遠的藍天白雲，彷彿一幅上了釉質的琉璃彩畫。

由於做過羅馬的殖民地，瑞士城市的風格裡帶著濃郁的羅馬氣息，高貴奢華中透露著一股浪漫。在蘇黎世的老城區可以玩賞的名勝實在太多，聖彼得教堂上碩大的鐘盤，有特殊雙塔造型的

蘇黎世大教堂，中世紀建築裡別具匠心的「凸窗」等等。如果你的眼睛在應付這些時感到疲勞了，就請沿著利馬特河走到酒吧喝上一杯。在本地葡萄酒的味道裡，或許你會讀懂瑞士的個中人文含義，對這座城市，對這個國家。

日內瓦市的風格相對拘謹一點，但仍不失瀟灑。教堂和加爾文的改教牆自不必言，聯合國大廈前林立的諸國旗幟和不遠處的山坡花園給這個城市帶來了更多的國際和人類寓意，默默地宣示著一種決心和力量。

瑞士的小鎮是最為融洽的鎮子，小教堂、小房子、小廣場、小小的咖啡店和一群始終樂呵呵的小老頭，接著是晚鐘響了，太陽落了，布穀鳥叫了，夜幕降臨了。這一切都熟悉得彷彿是我們住在鄉下時，發生在鄉裡鄉親早上晚間的事情。

在世界的錶盤上，瑞士是永恆的零點。一切偏差的時針、分針、秒針在這裡對錶重走，一切往昔的夢魘在這裡告終，一切美好的旅途從這裡啟程。這裡是整個世界的主題公園，為人們標榜愛和自然。

瑞士是山的王國，錯落有致的小屋點綴在高低起伏的山坡上，構成了一幅絕妙的風景畫。

INFORMATION......

◎ Location　｜地理位置

歐洲中部的內陸國，面積約4.13萬平方公尺。全境為山地和高原，多湖泊。萊茵河、隆河發源於此。山間谷地氣候溫和，高山較寒冷。水力資源豐富，礦藏有少量煤、鐵、石油和鈾礦。

◎ Climate　｜氣候特徵

氣候溫和宜人，不冷不熱，也不潮濕。7～8月，白天的氣溫為18～27℃；1～2月，為1～5℃。在春秋季節，白天的氣溫為8～15℃。

◎ Best Time　｜旅遊時機

☀ 夏季、冬季。

Verm___t

最紅的秋天

佛蒙特 >>>>

非去不可的理由 → →

　　新英格蘭地區的秋景非常美麗，尤以佛蒙特最為突出。群山疊疊，楓林茂盛，農莊及獨特的木橋和小鎮上白色教堂的點綴，使佛蒙特的秋景聞名於世。每年9月下旬，世界各地觀賞和拍攝楓葉的遊客都會蜂擁而至。

　　比之美國，佛蒙特的楓葉更讓人想起加拿大，那個愛極了楓葉甚至在國旗上都要畫下楓葉的國家。秋天在佛蒙特不是枯黃的，也不是頹廢的，而是絳紅的、熱烈的。《阿甘正傳》的末

節，阿甘從麥浪滾滾的大陸東岸跑到滿目紅葉的詹妮農莊，那個鏡頭是完全唯美的，也就在那一刻，佛蒙特的秋天征服了億萬人的眼睛和心靈，就用那些在冷清的深秋裡有著火一樣顏色的楓葉。

在中國古代詩人的眼裡，秋天太悲傷了，「悲哉，秋之為氣也。」受此影響，現代的人們也喜歡寫一些無端悲秋的句子。但在佛蒙特，情況似乎不同得很。佛蒙特的秋天是葉子的生命盛裝綻放的最後一季，帶著就義般的勇氣，它們穿上嫁娘的衣裳，把自己掛上最高最顯眼的枝頭。秋風來了，白露來了，寒霧來了，甚至霜雪也來了，可又能怎樣？那葉子只是從開始的綠變作黃，變作橙黃，變作淺紅，再變作深紅，最後變作凝血樣的暗紅才肯從枝頭離開。不得不說，佛蒙特的葉子為它的秋天平添了更多熱烈激越的氣氛，而不再是蕭殺。

佛蒙特的楓葉紅起來的時候是具備十足的節奏美感的。一片樹葉的顏色自然不消說有著漸變的規律，就是在緯度和地勢的高低變化間也顯出微妙的層次感來。「人間四月芳菲盡，山寺桃花始盛開。」表現的是同一地區裡物候差池的美感，地勢不同造成的寒暖不齊正是這種差池的原因，楓葉紅起來也是這樣的。北部早寒，在佛蒙特同加拿大接壤的土地上，楓葉最先變紅，以後便向南漸漸地推進，這種推進

油畫般美麗的佛蒙特秋景。

INFORMATION ○○○○○

◎ Location ┃ 地理位置

美國東北部，毗鄰紐約州、麻薩諸塞州、新罕布夏州和加拿大魁北克省，面積24887平方公里。佛蒙特州是新英格蘭地區唯一沒有海岸線的州，但是群山環繞，陽光充足。

◎ Climate ┃ 氣候特徵

四季氣溫差異很大，春秋最高溫在20℃左右，夏季最高溫27℃左右，冬季寒冷，常達0℃以下。

◎ Best Time ┃ 旅遊時機

楓葉正紅的9月。

look
1 伯靈頓：
佛蒙特的第一大城市，位於尚普蘭湖邊，這附近還有密西科伊國家野生動物保護區和伯頓島州公園。

look
2 伯瑞特波羅：
划獨木舟是遊覽該地區沿岸蔥綠村莊的最好方法，人文藝術旅遊資源包括伯瑞特波羅博物館和伯瑞特波羅藝術中心。

基本上是以每天往南10公里的速度進行的。在這種推進的鋒面陣線上，葉色的景致是參差在一起的，因而也是最漂亮的。有山的地方，就在一山之間表現出這樣的顏色梯度來，以至於遠遠看去，就像是給山巒穿了一條赭色的裙子，從裙子的流蘇往腰身處色調越來越暖，以至最後像一團火焰般就要燃燒起來了。

10月末的時候，葉子變紅的活動就接近尾聲了，此時放眼觀望，好一派「萬山紅遍，層林盡染」的大好景象。楓樹在佛蒙特的功用不僅僅在於為人們提供紅葉的景致，還可以採楓糖，不過這要等到春天。在春天，新生的楓葉也是嬌紅的，只不過不是那

佛蒙特的楓葉在秋天來臨時，開始演繹色彩變幻的魔術。逐漸由綠變成黃，再變成橙黃，變作淺紅，再變作深紅，最後變成暗紅色，再從枝頭飄落下來。

樣剛烈而是略顯柔弱。這個時期，農民們割開樹皮提取樹汁，再熬煉成楓糖，原材料和產品的投入產出比在40：1左右，發明這一辦法的是印第安人。

佛蒙特以火紅的顏色知名天下，這與它的名字是相悖地，因為佛蒙特在法文裡的含義是「綠山」，或許是因為替這個地方取名的人來的太不是時候。佛蒙特沒有海岸線，它的景致就集中在山巒和湖泊中。著名的綠山山脈，95％都被覆以蔥郁的林木，踴躍著呈南北走向，少有人在山區居住。尚普蘭湖在大城市伯靈頓的邊上，是度假消暑的好地方，可以蕩舟、可以游泳、可以漫步、可以垂釣，每年有很多人趕來這裡度蜜月。

紅穀倉、白房子、自然而約略地顯出頹敗的柵欄、費許多木材打造的廊橋……這個州有太多東西表現出非美國的美來，以至於讓佛蒙特在濟濟五十州裡是那樣出眾，這裡是帶著法國人精神和英國人傳統的鄉下，選一個9月，打點好你的行囊和心緒，去佛蒙特吧，去那裡寫詩、喝酒，或是愉快地散步。

南瓜燈是萬聖節不可少的道具，而除了南瓜燈之外，佛蒙特人製作的其他南瓜小裝飾也非常精巧可愛。

 夢想之都

巴黎

非去不可的理由 ➡ ➡

　　如果我們總在談論巴黎之美如何如何而不能親臨，這是不可原諒的。這是個以夢想和光明為主題的城市，在歷史和文藝的種種著述裡被豐富，又在最好的建築師的手下被建造，在一切方面無不代表世界城市發展的最高水準。

✧✦✧

　　徐志摩曾說：「來過巴黎的人，一定再不會稀罕什麼勞什子的天堂了。」可他哪裡知道，巴黎之所以被好上加好地建造，正是出於人們想要更接近天堂的企圖。

　　對於巴黎，也有人叫她「巴比倫」，那是美國作家史考特‧費茲傑羅在小說《重返巴比倫》中對巴黎的稱呼。

巴比倫是什麼樣的？連《聖經》的作者們都沒有寫清楚，只是籠統地說奢華、享樂，以至於最後有了邪惡的事情，細節上都無法統計了，或許探究開來，有人就會說：「呃，大概像巴黎那樣吧。」所以，在有關城市的詞典裡，巴比倫和巴黎就是這樣彼此參照注解的。但是有一點不妨確定下來——巴黎是夢想之都，有著夢一樣的面貌。

19世紀及以前的巴黎沿著這樣一條線展開：從羅浮宮沿香榭麗舍大道到協和廣場，再到凱旋門，你可以從中讀出歷史的種種、藝術的種種、政治的種種、人生的種種，巴黎從來就不是一個缺乏故事的地方，要不，一部《九三年》借何寫成？這條線的風格如果不能以更準確的辭彙來統一稱呼的話，倒也無妨一言蔽之地稱為「古典」。

然而這條古典線上至今依然屹立的偉大建築和雕刻，鑲鏤及懸掛其間的藝術品，卻已經隨著可以創造、使用和欣賞它們之人的死而一起死掉了，比如說，就在撞鐘人死去的那一刻，聖母院便無可挽回地失去了它的靈魂，變得一無是處。所以，我寧願說，這是一條廢墟的線。

可是，如果抱定看廢墟的心

巴黎幽藍的夜幕中滲透著閃爍的燈光，隨著流淌的塞納河，一直綿延到無盡的街道深處。

INFORMATION ·····

◎ Location　｜地理位置

　　歐洲大陸上最大的城市之一，也是世界上最繁華的都市之一。地處法國北部，橫跨塞納河兩岸，距河口（英吉利海峽）375公里。塞納河蜿蜒穿過城市，形成兩座河心島（西堤和聖路易）。

◎ Climate　｜氣候特徵

　　溫和的海洋性氣候，冬暖夏涼；1月平均氣溫3℃，7月平均氣溫18℃，年均溫10℃。全年降雨分布均衡，夏秋季稍多。

◎ Best Time　｜旅遊時機

　　夏秋季節。

不 可 不 看 的 地 方

look
1 艾菲爾鐵塔：

建於1889年，是為慶祝法國大革命
100周年而建，是巴黎的象徵，舉世聞名。出
於工程和美觀上的考慮，塔的底部為4個半圓形拱，在紐約克萊
斯勒大廈建成以前，該塔為世界上最高的建築。

look
2 凱旋門：

地處寬闊的戴高樂廣場。這裡是香榭麗舍大道的盡頭，又是沙佑
山丘的最高點。從戴高樂廣場向四面八方延伸，有12條大道。宏偉、壯
麗的凱旋門就聳立在廣場中央的環島上面。

情的話，這所有便都會復活，茶花女復活、拿破崙和他的榮耀復
活、被冷落了一個世紀的巴黎，那個上了年紀的夢也復活。能夠
懷著此心情在線上行走的人是幸福的真英雄。

有很多人來到巴黎，卻不知道可以做些什麼，他們夢想著巴黎就是繆斯家的門或是維納斯家的窗戶，走得進來就會成為他們驕傲的情人。來到巴黎以後，他們發現自己並不夠獨特，因為周圍的人也是抱了和自己一樣的想法來到這裡，很快他們便淹沒在一輪比一輪離譜的沙龍酒會裡。他們只在想要創作的時候才發現自己無法從杯盞邊上分神出來，於是便只好誇誇其談，誇誇其談的結果便是沒有什麼東西留下來，而這卻成了風氣。這些人之中有的死在巴黎，卻沒有留下一個可以雕刻在墓碑上的名字，有的實現了理想，但這中間刻苦的過程讓他們變得不能自己的孤獨起來，以至於最後瘋掉。這是怎樣的夢啊，竟是如此的一聲歎息。

糾纏在巴黎的夢想實在太多了，以至於無論你持哪一種夢想都不會是新鮮的，就算你是不打算持任何夢想的，與你有相同想法的人又何嘗不大有人在？想到這不免會使人惶恐，在巴黎，再也沒有一個更加新穎的夢想了。

是這樣的嗎？那麼，巴黎又為什麼被叫做「光之城」的夢想之都呢？除了巴黎，我們又該向哪裡矚目呢？

❀ 夜晚的巴黎羅浮宮燈火輝煌。入口處的玻璃金字塔是由美籍華裔建築設計師貝聿銘設計的。

海椰子的王國

塞席爾

非去不可的理由 → →

　　印度洋綠寶石般的浩瀚洋面上，散落著115個花崗岩和珊瑚礁島嶼，這就是塞席爾共和國。一個擁有這個星球上最原始優美的自然環境，同時又以現代自覺的文明建設其生活的國家。陽光、沙灘、碧海、藍天、珍禽異獸、參天巨樹、純樸的民風、悠閒的生活，這裡是世界的伊甸園、遊人的天堂。歲月，在這裡流過，但不著痕跡⋯⋯

　　在塞席爾，你所能收穫的東西有兩樣，一是對著這裡安靜從容的景色所感到的閒適；二是一顆顆大得出奇的海椰子。這裡甚至沒有像樣的季節劃分，只有籠統的相對而言的涼季和熱季，沒

有冬天。

海椰子是一種奇異的植物，它的果實巨大，最大的熟果可達到30千克。有趣的是，果實成熟以後，如象牙一般堅硬，所以，只有在它尚未完全熟透時摘下來方能食用。令人稱奇的是，這種果實有著人的屁股一樣的形狀，也分作相互對稱的兩股，讓人覺得那樣的果實是它的母株有意照著人的臀部形狀去長的，不免滑稽。

然而，你知道嗎，要長出一顆這樣的果實要費去多少時間？從一顆果實被種下到它長成15歲的植株前，這中

間每年長出一片葉子，這些葉子積極地伸向天空去承接每一滴雨水。15歲時，才開始長出樹幹的模樣，而成熟開花要等到25歲。海椰子的幼果要在樹上長8年才會成熟，這樣算來，從一顆椰子種下到結出新的椰子要33年！更奇特的是，在這種植物的樹幹和根系相交的地方，竟然長有一個可以隨意轉動的關節，好調節它們碩大的樹冠使之可以躲避沿海大風的摧殘。如果植物真的可以有

塞席爾的海椰子比普通的椰子大得多，每個都有十幾千克。海椰子全身是寶，果子長到九個月左右，果汁味道醇美；完全成熟以後，堅硬的白色椰肉是上等的補藥。

不可不看的地方

look
五月谷：
塞席爾是人間天堂，五月谷是天堂裡的伊甸，是世界上最小的自然遺產，面積只有19.5公頃，以其中7000多棵海椰子樹而聞名於世。但是除了海椰子，這裡還有許多世界上獨一無二的動植物，堪稱生物大觀園。

look
小笨鐘：
1903年，為了慶祝英國王室正式宣佈塞席爾為王室直屬殖民地（之前為模里西斯託管），塞席爾在市中心仿製倫敦的大笨鐘豎起一座「小笨鐘」，塔高約5公尺。在它的對面，有塞席爾全國唯一的紅綠燈。

INFORMATION

印度洋西南部的群島國家，西距非洲大陸東岸1500公里，南離馬達加斯加900多公里。面積455.39平方公里，領海面積40萬平方公里。地處歐、亞、非三大洲中心地帶，為亞、非兩洲交通要衝，地理位置十分重要。

屬熱帶海洋性氣候。受印度洋季風影響，5～10月盛行東南季風，涼爽少雨；12月至翌年3月盛行西北季風，高溫多雨。

☀ 5～10月，當地的涼季。

智慧的話，那海椰子的智商怕幾乎要凌駕人類之上了。它們的樹幹是那樣的堅硬，以至於島上牙齒最鋒利的旱龜也咬不動它。樹幹往往在植株死去後的數年間才會朽壞，而那個神奇的關節則可以在海水裡浸泡幾十年依然結實如初。或許我們真應該問，上帝造此物，為何賦得它這許多神奇？

塞席爾的居民是天南地北聚在一起的，膚色有紅、有黃、有白、有黑、有棕，儘管是這樣，他們還是和和氣氣地把自己稱為一個民族，叫做「克里奧爾」。語言學上講的「克里奧爾」是大雜燴的意思，指的是諸多語言混雜在一起形成的一種「洋涇浜」現象。從血統上來看，克里奧爾人是非、亞、歐三洲人彼此通婚的後代，在市中心獨立大道上，三個飛翔中的海鷗雕塑也暗含著這一意義。塞席爾是如此之小，以至於沒有必要搞些像樣的政治景象。從總統到黎民，無不輕鬆自得。

塞席爾的環境政策是開明又嚴厲的，它在宣佈開放全部海灘的同時，也對破壞海灘的行為做出了嚴格的處罰規定。在塞席爾，最小的孩子也懂得不要去撿沙灘上的貝殼，因為那樣會破壞藻類植物和大型魚類之間的生物鏈。連砍伐一棵普普通通的樹都要經過細細的審批。對於海椰子的管制那就更為嚴格了，禁止伐樹和未經批准在國境之間轉運、攜帶果實。每個被允許交易的果實都會貼上環保和出口的許可標籤。

五月谷是塞席爾最令人嚮往的去處，在1983年被列為世界自然遺產，是諸多自然遺產中面積最小的。令這裡出名的不僅僅是7000多株海椰子樹，同樣也有許多其他珍稀的動植物。黑鸚鵡是五月谷獨有的，也是塞席爾的國鳥，這種羽翼呈咖啡色的鳥兒有著動人的歌喉，只是數量不是很多，約400餘隻。這裡還有一種奇特的長「腿」棕櫚科植物，這種植物的根將它們的莖托起在空

中，並隨著持續的生長越來越高，最後看上去，像是它用來走路的「腿」，藉此它甚至可以在溪流之上安然無恙地生長。

長3公里的博瓦隆白沙灘是來這裡的人們最鍾情的海灘，世界排名第三。潔白細膩的沙子和晶瑩剔透的海水，加之這裡一望無際的藍天、多情撩人的陽光，都為這裡備下歐洲式浪漫的潛質，而在海灘上，你還可以吃到也許一刻鐘前還在海裡自在優遊的魚兒，真所謂「靠海吃海」。

塞席爾，世界的海灘，這裡有高大的海椰子樹，而一個個美麗的願望就像那海椰子一般，沉甸甸地，緩緩地，成熟。

Islands in Aegean Sea

最純淨的陽光

愛琴海小島

非去不可的理由 →→

愛琴海，這片擁有浪漫名字的海洋，分隔了土耳其和希臘。海面平和安詳，沒有半點風浪，近岸的淺藍海水清澈見底，越深入大海，越是一片濃得化不開的藍，加上蔚藍的天，構成最美的風景。

世界上有太多的地方代表不同的美，卻只有一個地方意味著永恆的愛，那就是愛琴海。

在愛琴海留著太多讓人傷心或是讓人喜悅的故事，關於愛情關於歷史的，在米諾斯、在克里特、在帕德嫩神廟、在高高聳踞的雅典衛城。這些故事在愛琴海上空化做一束哀婉的空氣，近近地跟隨著你。拜倫曾說過：「希臘的空氣是我成為詩人的原因。」

愛琴海小島是一個體系龐大的島嶼群，約有2500個島嶼，從北到南依次為色雷斯群島、東愛琴群島、斯波拉提群島、基克拉澤斯群島、薩洛尼克群島、多德卡尼斯群島和克里特島。這些島嶼構成一條斷斷續續的鏈子，將愛琴海同地中海隔斷，將希臘和羅馬隔斷。但是這種隔斷是不徹底的，是徒勞的，如同地中海的海水會被西南季風吹進愛琴海一樣，希臘和羅馬的歷史也寫滿了彼此間的恩恩怨怨。

夕陽的輝照為這片海域贏得了一個寫意的名字：葡萄酒色之海。落日將沉之時，漫天的雲霞在海面上鋪陳下它們的另一重影像，而太陽則是喝醉了酒的阿波羅，拖著遲緩的步子挨向它黑夜的臥床。神祇面上的紅光為這裡的海和山抹上祥和靜穆的顏色，彷彿在安慰一個要獨自走上一段夜路的孩子。海面上刮著若有若無的風，波瀾不

❁愛琴海岸邊的東正教堂，白色的房子，藍色的屋頂，映襯著碧藍的海水，猶如天堂。

INFORMATION.....

◎ Location ｜ 地理位置

愛琴海是地中海東部的一個大海灣，位於地中海東北部、希臘和土耳其之間，也就是位於希臘半島和小亞細亞半島之間。南通地中海，東北經過達達尼爾海峽、馬爾馬拉海、博斯普魯斯海峽通黑海，南至克里特島。愛琴海海岸線非常曲折，港灣眾多，共有大小約2500個島嶼。

◎ Climate ｜ 氣候特徵

屬地中海型氣候。冬季溫和多雨，夏季炎熱乾燥、蒸發旺盛。盛行北風，但每年9月到次年5月有時會吹溫和的西南風。

◎ Best Time ｜ 旅遊時機

☀ 夏季。

夜晚的愛琴海，醉人心迷。四周是一片淡淡的金黃，呈現一種淡淡的溫暖。此時的房屋與海水不再相隔，全融進了溫暖柔和的色調裡。

驚，放眼望去整個海域變作絳紅。這時候，你會產生一種錯覺，你會以為從這浩淼的水裡掬出任何一捧飲用，都會是上等紅葡萄酒那樣甘甜醇美的口味，為此你幾乎要轉身去取酒杯。

春夏季節明朗的白日裡，愛琴海小島上的陽光則是另外一番模樣。節奏是輕盈的，色澤是明澈的，風格是快活的，沒有什麼比這一季節裡愛琴海小島上的陽光更加純淨了。這一時期停留在愛琴海是莫大的福氣，於身心俱是有益的，這樣的季節裡，在愛琴海不溫不熱的海岸或坐或臥，口袋裡裝一本《荷馬史詩》或

不 可 不 看 的 地 方

 look

1 愛琴那島：

離雅典最近的島嶼，住著宙斯的情人，這裡發生過著名的薩拉米斯水戰。

2 look

伊茲拉島：

藝術家之城。小島細長細長的，乾乾淨淨的小巷裡，毛驢載著遊人悠閒地晃來晃去。白的牆、藍的窗、粉紅的屋頂，襯得小島越發可愛。小院裡不時探出一叢叢紅花、紫花，檸檬樹上結滿了明黃的檸檬果，累累的果實壓得枝頭都彎了。

是《恰爾德‧哈羅德遊記》，無人事可以過問而心情正閒暇的時候，舒舒服服地讀上那樣一兩章是何等美妙。在希臘讀有關希臘的書，可以為你的旅途增添很多意想不到的收穫，也毋寧言，你收穫的正是愛琴海小島以及過去和現在所能捧奉給世人們的最好的瑰寶。

克里特是神話裡悲慘的王子，而愛琴海則是那絕望的老邁國王，希臘最大的悲劇故事來自一場根本不必要引起的誤會。愛琴那島固然有宙斯大人俊俏的情婦，但倘失了地米斯托克利那場完美的水上捍衛戰，一樣要在波斯的統治下換上另外一種神話外衣。愛琴海的島呀，你有過群星一樣奪目的英雄的名字，和許多次血流成河的戰爭，你有過手造的神殿和傳頌不絕的故事，可這一切的一切都不著痕跡地淹沒在你洶湧的浪濤間。現在的你，浪漫純淨得只讓人想起愛情！

希臘愛琴諸島有著藍白色系絕妙的組合，那裡的天空大海藍得彷彿無數個天海疊在一起，而那一座座矮小的純白小屋，彷彿是天使丟在這裡的玩具。

Provence

薰衣草田上的舞蹈

普羅旺斯 >>>>

非去不可的理由

　　法國南部的普羅旺斯，12世紀時，以騎士愛情而聞名。微
風從盛放的薰衣草上襲來，一波一波的紫色花浪搖曳著普羅旺
斯的浪漫風情，空氣中也彌漫著愛的氣息，曖昧而溫暖。「在
普羅旺斯，愛是樹上的葉子，是地上的小草，隨手就可以滿滿
地採上一把。」是的，這是一座適於在其中為愛情尋找最完美
定義的城市。

　　在談論薰衣草之前，請讓我們忘了這是一種可以萃取精油和
香水的植物。薰衣草像是一種小的禽類，專在我們講到愛情、講

到藝術的時候，飛過來怦怦地擾動我們的心；它在情人們的信箋上留下的足印變成相思的字樣；畫家痛苦的畫布上，它婉轉的啼鳴為大地染上黑夜前寂寞的紫色。它有一千個以維納斯作詞頭的名字和十萬種以繆斯為聆聽者的聲音，然而，它是一種植物。

在普羅旺斯，如果我們不談論薰衣草，那就不如閉嘴的好。我若為你講述此間騎士們中世紀的愛情，以甘美的桃紅葡萄酒向你誇口——而絕口不提薰衣草，是完全沒有意義的。在普羅旺斯精神世界裡面長著一株薰衣草的根，生生不息。彼得・梅爾確實道盡了普羅旺斯的美好所在，而換任何一個對美心生靈犀的作家，也未嘗不會成功地做到這一點，普羅旺斯的事物裡面，你所感受的和你要表達的沒有隔閡，以薰衣草為例。

普羅旺斯地處法國南部氣候多變的山區，不足388.5平方公里，大片大片的薰衣草花田就生長在這裡。每年的5月以後，藍紫的顏色就佔據這裡的每一個山坡，那是薰衣草的花開了。花的氣味並不像想像中的那樣芬芳逼人，而是有著醇酒味道的辛辣香氣。這種氣息在普羅旺斯的天空下經過陽光的揮發變得那樣濃烈，藉此，你可以確認自己已經身在普羅旺斯了。普羅旺斯人對薰衣草的熱愛是天生的，他們會以自己與這片土地、與這種小巧

🌸 普羅旺斯是薰衣草之鄉，每到7、8月時，田野裡鋪滿了無邊無際紫色的花，香味撲鼻的薰衣草在風中搖曳。

INFORMATION

◎ Location ｜ 地理位置

普羅旺斯位於法國南部阿爾卑斯山區，從地中海沿岸延伸到內陸的丘陵地區，河道和歷史重鎮較多，以純淨的陽光和蔚藍的天空響譽世界。

◎ Climate ｜ 氣候特徵

普羅旺斯屬地中海型氣候，冬季溫和，夏天炎熱。山區氣候特點是冬季漫長、多雪，夏天炎熱、多雷雨；山谷坡面間差異明顯，並存在各種小氣候。

◎ Best Time ｜ 旅遊時機

☀ 6～9月。

不可不看的地方

1 look
＞＞ 坎城：
　　在蔚藍海岸的城鎮中，歷史最久，而
且有最濃厚的貴族氣息。每年5月一年一度的
國際影壇盛事——坎城影展，使得世界各地的
影視紅星、導演、片商、富豪、記者等如潮水般湧到此地，冠蓋雲集，
極一時之盛，全球矚目。

2 look
＞＞ 尼斯：
　　「尼斯是個懶人城、閒人城、老人城、無聊城」，以其全年溫和
的地中海型氣候、燦爛的陽光、悠長的石灘，以及曬太陽的裸體美女而
聞名。

3 look
＞＞ 魯伯隆山區和施米亞那山區：
　　薰衣草的最佳觀覽地區。7月盛開期間，花香襲人，向日葵也在
盛放，花田恣意奔放地佔據山巒，這些讓眼睛迷亂的顏色，是普羅旺斯
夏天的正字標記。

的亞灌木有關為驕傲。在薰衣草隨處可以採摘的季節裡面，人們
在身上每一個地方插起這種香氣撲人的花兒，頭髮間，扣眼裡，
衣袋上。

　　薰衣草的花是紫色的穗狀，初開的時候還帶著一些藍色，而
葉子是狹長的綠色，這樣的顏色形狀搭配是合理的，倘要換上綠
的圓葉或是紅的窄葉，薰衣草怕就要失去它許多形色的美感了。

大片薰衣草使普
羅旺斯披上了紫色
的外衣，景致讓人
流連沉醉。

從6～9月末，薰衣
草一直在綻放、盛
放以至怒放，這種
草本植物的花有如
此長的花期，委實
難得。在這種植物
生長的地方，土地
往往是石灰質的鹼
性，而且土壤水
分的流動性要比較
好，所以山坡是首

選。在7月初一個晴朗的午後,站在花田的壟間,順著陽光照來的方向望去,你的眼睛便迷失了,那是讓人暈眩的紫色,你不知道自己該定睛到哪一株薰衣草上,也不知道自己該從哪個細微的花朵作觀察,感覺就像是口渴時得到了一杯美酒,你來不及品嚐出它的滋味就一飲而盡,結果便是你醉了,醉得一臉酡紅,整個人都陶陶然起來。

普羅旺斯蔚藍的天空和海洋,與海邊的小房子形成了光和影交織的美景。

光影在花海的表面幻化出微妙的色差來,光源充足的部分近乎粉色,陰影的部分卻像是藍色,而花田卻因此更見可愛。

9月和10月是薰衣草的採摘期,名為採摘,實際是將花朵從枝上割下來。這種工作過於細膩,總量又極大,所以不得不進行一兩個月,而萃取的工作同樣也是異常艱辛。採收完畢後,所得的精油和花製品被運往有需求的地方,而薰衣草的植株徹底地休息下來,經過一個疲勞的花季像是乾枯了一樣。繼而,普羅旺斯吹起北風,凜冽的天空開始飄起雪花,大雪將一切仔細地掩埋。每一種花都有它的謎,薰衣草的謎底就是「等待愛情」,這樣小巧纖弱的花兒,等待的又是怎樣的愛情呢?

光的影子逐著風的衣裳翩然起舞,在紫陌間掀起一片譁然的喜悅,這一曲的名字就叫普羅旺斯。

Barcelona

如火的狂歡

巴塞隆納 >>>

　　巴塞隆納的巴薩，誰人不知？然而巴塞隆納的高知名度，絕非僅僅因為這支在歷年西甲聯賽裡有著精彩表演的球隊。它還有像是瘋子般的高第建築、隨處可見的街頭表演、奢華唯美的格拉西亞節、1992年的奧林匹克運動會，巴塞隆納有太多的理由讓人們記住它的名字，並作為一個期待中的旅行目的地。

　　在西班牙，名目繁多的節日只是人們為自己所找的狂歡的藉口而已。西班牙人有著不可理喻的狂歡精神，而巴塞隆納人則是西班牙種種狂歡活動中最出色的參與者。在巴塞隆納，人們無論

老少,都像是頑童。

　　當你踏上這裡的土地向別人示意,得到對方「Amigo」的回答時,你就需要做好狂歡的準備了。你從這裡人們的每一個舉動上,都會看到那種帶有狂歡特徵的誇張和熱情友善;你在這裡看到的每一張宣傳畫,無不帶有狂歡節日那種讓人按捺不住的喜悅熱烈氣息;整個巴塞隆納不是在狂歡中,就是在為狂歡做準備的狀態中。

　　西班牙狂歡的地方節日,一年到頭排下來有:

1月5日 舉行遊行,以紀念三位智者。

2月 嘉年華會。

3月3日 聖彌帝爾節。

4月23日 聖喬治日,1995年被聯合國宣佈為世界圖書與版權日。

6月 卡爾布斯克利斯汀節。

6月23日 聖喬安節,在夏至來臨前,人們到廣場上點起焰火。

7月6～14日 聖佛明節。

8月15日 聖母升天日,在葛雷西亞廣場上有慶祝活動。

9月24日 守護聖徒瑪西斯節,慶典內容有露天歌舞音樂表演,肖像遊行。

INFORMATION

◎ **Location** | 地理位置

　　位於西班牙東北部的地中海岸,它是西班牙第二大城市,亦是西班牙加泰羅尼亞自治區的首府,通行西班牙語和加泰羅尼亞語兩種語言。

◎ **Climate** | 氣候特徵

　　典型的地中海型氣候。冬天的平均氣溫為11℃,夏天為24℃。12月至次年的1月是全年最寒冷的月份,春秋兩季降雨較多。

◎ **Best Time** | 旅遊時機

　　夏季7～8月間。

　　西班牙人以熱情奔放著稱,巴塞隆納更是集中體現了這種熱烈的情緒。在巴塞隆納街頭,時時可見到盛裝的街頭表演者對遊人綻放出快樂的笑臉。

許多人稱巴塞隆納為「高第的城市」，這位瘋子藝術家在自己奇思妙想下誕生的奇異建築裝點了整個巴塞隆納。除了人所周知的那座至今未完工的神聖家族教堂，「米拉之家」也是他最負盛名的代表作之一。

這樣頻繁的年度狂歡安排，讓人不得不感歎他們旺盛的精力，但對大多數的巴塞隆納人說來，這些確實是一年來值得高興的日子。

在巴塞隆納狂歡的火裡，人們所交出來的每一個喜悅，都是放下去的一塊上好的木柴，燃燒著所有的熱情。

不 可 不 看 的 地 方

>>1 look
蘭布拉斯大街：
巴塞隆納市的商業區，從和平門起一直延伸到加泰羅尼亞廣場。街道兩旁商店林立、商品繁多、琳琅滿目。

>>2 look
奧運中心：
設在蒙錐克山上。蒙錐克山奧林匹克體育場和與其毗鄰的聖喬爾迪體育館為1992年奧運會的主要比賽場。

海上長城

大堡礁

　　大堡礁是世界上面積最大、最狹長的珊瑚礁群，是世界七大自然景觀之一，也是澳洲人最引以為傲的天然景觀，又稱為「透明清澈的海中野生王國。」

　　失去了大堡礁，太平洋還有什麼可讚？

　　大堡礁無疑是海洋向陸地獻出的最美好的禮物。在澳大利亞昆士蘭州以東，從巴布亞灣到南回歸線之間的珊瑚海熱帶洋面上，有最美麗、幅員最遼闊的珊瑚礁群。在地理大發現時，它像一道屏障一樣阻斷船隊由此向前的航程，遂以此得名。

Great Barrier Reef :::::

INFORMATION

大堡礁位於澳大利亞的昆士蘭州以東，巴布亞灣與南回歸線之間的熱帶海域，太平洋珊瑚海西部，綿延於澳大利亞東北海岸外的大陸架上，北面從托雷斯海峽起，向南直到弗雷澤島附近，沿澳大利亞東北海岸線綿延2000餘公里，東西寬20～240公里。

熱帶海洋性氣候。

☀ 南半球的夏季。

這片礁群呈南北狹長分布，長2011公里，最寬處161公里。南端最遠離海岸241公里，北端離海岸僅16公里。礁群有大大小小的島嶼600多個，很多島嶼實則是海中的山脈頂峰。退潮時，約有8萬公里的礁體露出水面，而漲潮時，大部分礁體被海水淹沒。

這樣浩大的海洋工程卻是始於小小珊瑚蟲工作的毫末，一直生生不息地延續了億萬年的時間，才將原本在水下的礁石抬升到水面上，同時參與這一進程的還有小貝類和藻類。珊瑚蟲對其所生活的海域條件有著極高的要求，一來水質必須乾淨；二來要有合適的水溫，一般在20～30℃之間；三要有適於珊瑚蟲附著寄生的水下地形，一般是在不超過30公尺陽光充足的水下礁石上。滿足這種要求的海域其實是不多的，所幸的是，珊瑚蟲們在珊瑚海的西部找到了。

大堡礁的珊瑚有著多變的顏色，紅的、黃的、綠的、粉的、紫的；又幻化出許多魅影的形狀，或如彩蛇起舞，或似絳梅迎雪，或像老樹掛冰，在魚龍潛躍的水下營造出一個滿目異彩的洞天世界。海洋生物的活躍時間在夜裡，或覓食，或求偶，珊瑚礁裡一時間萬頭攢動。這個時候的珊瑚礁是絢爛多彩的，珊瑚蟲們紛紛伸出自己顏色各異的觸手，招徠浮游生物並伺機捕捉。龍在這個

❀ 大堡礁海底顏色鮮豔的海星。

世界上確實不存在，但龍宮卻是有的，就在夜裡張燈結綵、熱鬧喧天的水下大堡礁。

　　不過，有生存的地方就有競爭，珊瑚礁的世界裡也不似人們想像的那樣波瀾不驚。實際上，爭奪食物和空間的搏鬥在這裡一刻也未停止過。有些珊瑚生長得很快，就在鄰居之先搶占了陽光地帶。有些珊瑚長著含毒的觸鬚，藉此向水裡施放毒素，剷除同一水域裡的異己。此外，還有一些以珊瑚為食物的動物，如鸚嘴魚和刺冠海星，這種海星有一個可以翻出來的胃，會附在礁石上直接消化珊瑚，它的消化液就足以殺死珊瑚蟲。

　　在春季某些風平浪靜的晚上，大堡礁會發生一種奇異又壯觀的景象—— 所有的珊瑚一起產卵，在洋面上形成明亮鮮豔的顏色區塊。這些卵會被潮汐和海浪隨處散佈開來，在或東或西或南或北的地方，建築牠們珊瑚礁的新家。

　　大堡礁，人類向著海洋所寫的一切美好詩句的主人，你是太平洋額頭上珊瑚質的冠冕，勝過了一切精金和白銀。

※ 大堡礁海底瑰麗多姿，散發著不可抗拒的魅力。

Munchen

啤酒之城
慕尼黑 ▶▶▶▶

　　酒有可讓人小飲微醺之酒和讓人酩酊大醉之酒，城市亦有只適合遠觀之城和可以遊玩其間之城。慕尼黑所能向人提供的，是它毫不隱藏的角角落落，和在這裡的人們無所避諱的每一種思想。在慕尼黑的街頭，你大可以一任自己幸福地醉倒，體驗「酒裡乾坤大，杯中歲月長」的豪放感覺。

　　世界上，啤酒文章作得最多的是慕尼黑。這裡有世界上最早的啤酒廠、第一所啤酒大學、最大的啤酒吧，人均飲用啤酒量也

是世界第一。如果說慕尼黑人的腦袋裡面裝的是哲學的話，那麼他們的肚子裡面盛的就是啤酒了。

啤酒節在慕尼黑又被叫做「十月節」，幾乎算是當地人在9～10月間最重要的節日了，從9月的第三個週六到10月的第一個週日。這個節日始自1810年巴伐利亞王儲路德維希與薩克森的黛麗絲公主的婚宴，地點就在以公主名字命名的大草坪上，至今依然。以後的近200年裡，除因為戰事和瘟疫中斷過24次，至今已經舉辦了170幾屆。當然，慕尼黑啤酒節也有不愉快的經歷，如1980年的恐怖事件。

啤酒節是以啤酒為媒介的狂歡日，這樣說似乎不為過。進入啤酒帳篷，德國人一改其平日裡嚴謹自律的風格，肆意談笑，舉止隨意。酒精和音樂的作用使帳篷裡面的氣氛越來越活躍，也拉近了陌生人之間的距離。來自不同洲際、不同國家的人們，開始用大家可以說得通的一兩種語言加之以手腳動作交流起來，興至濃處，乒乒乓乓響起一片酒杯聲。有人附和著音樂，縱情搖擺大聲吟唱，更有甚者脫去衣服，站在桌子上恣意地扭動身體。在啤酒節裡，整個慕尼黑都像是在啤酒裡浸泡過的，有著甜啤酒的顏色和味道。

在慕尼黑，永遠讓你頭疼地糾纏著兩種精神，創造的和毀壞的，嚴格的和不羈的，造型的和音樂的，日神的和酒神的。

慕尼黑譯做「僧侶之地」，在其城市發源的一段時間裡作為

不 可 不 看 的 地 方

look
聖母教堂：
建於1488年，是晚期哥德式教堂。教堂高109公尺，寬40公尺。教堂頂上有南、北兩座塔，是慕尼黑市的象徵。橘紅的屋頂和兩座有綠色圓頂的高塔，是其最特別之處，宏偉的外型、鮮明的色澤是此教堂吸引人們目光的所在。

look
慕尼黑奧林匹克公園：
1972年奧林匹克運動會的舉辦場地。整個公園由33個體育場館組成，包括奧林匹克體育場、游泳池、綜合體育館、自行車場、冰球場、拳擊館、水上運動湖、奧林匹克村、新聞中心、電視塔等。其中奧林匹克體育場是奧林匹克公園的核心建築，可容納8萬名觀眾。

熱情奔放的巴伐利亞啤酒女郎穿梭在人群中,把一杯杯蕩漾著白色泡沫的鮮啤酒端到人們面前。人們坐在傳統的長板凳上及長木桌前,享受著德國啤酒、享受著這裡的氣息。

苦行僧人們的修行地。他們自我節制又自我磨練,以此來達到精神上強健的目的,著名的夏夫特恩拉修道院就在這裡。所以說,慕尼黑人的嚴格和自律是有其淵源可循的。

尼采曾經論述過的酒神精神認為,世界是過於痛苦的,而這種痛苦來源於人對其自身不幸的過分關注,解脫的辦法就是躍然於個體生命之上,從最高的人類整體的角度,去理解一個普通人的存在遭遇,而實現的路徑就是飲酒和音樂。醉酒可以使人忘記一個迷茫的自我的細節,達到盲目的狂歡境地,從而無心插柳地創造出音樂藝術,創造出悲劇。尼采的觀點放之四海未必皆準,但以慕尼黑為例來考察,還是比較可信的。

在慕尼黑,每個喝醉的人都是酒神戴奧尼索斯。慕尼黑像販售他的啤酒一樣,向世界販售歡樂,販售激情,販售音樂,販售悲劇,販售哲學。為慕尼黑,乾杯!

INFORMATION ⚬⚬⚬⚬⚬

◎ Location ｜地理位置

位於德國南部,是巴伐利亞的首府。1158年慕尼黑開始建城,1806年成為巴伐利亞王國的都城。此後在國王路德維希一世時代興建了大量古典風格的建築,使慕尼黑成為歐洲著名的城市。

◎ Climate ｜氣候特徵

溫帶大陸性氣候。

◎ Best Time ｜旅遊時機

啤酒節期間,德甲賽季。

Chapter 03

浪漫之都

倫敦

威尼斯

卡薩布蘭卡

莫斯科

哥本哈根

托斯卡納

布達佩斯

亞歷山卓

奈良

London

照亮憂鬱的顏色

倫敦

非去不可的理由

　　倫敦沒有巴黎的浪漫，沒有巴塞隆納的熱情奔放，沒有紐約的喧囂與騷動，也沒有威尼斯的水鄉情調，它沒有什麼極端的特點，有的只是和諧與寧靜中的一種文化氛圍。倫敦有一種英國紳士般的優雅，這種優雅像泰晤士河款款流淌的水，潤澤著這一片古老的土地。

　　「若是你厭倦了倫敦，那就是厭倦了生活。」在倫敦地鐵交通圖上，赫然地印著這句名言，因為「倫敦有人生能賦予的一

切。」用幾天的時間體會倫敦，顯然是倉促的，不期望能抓得住倫敦的靈魂，但用心感受每一個倫敦的側面和細節，記住倫敦留給我們的優雅轉身，卻也是難能可貴的。

到了倫敦，一定要招一輛倫敦老爺計程車，黑色的、粉紅色的、棕色的，這可是倫敦獨樹一幟的風景。穿梭在倫敦不太寬敞的街道上，幾乎是一步一景，移步易景。兜來轉去，從羅馬時代就存在的倫敦城，那些令人動容的高大堅固的百年老屋、大街、長長的甬道、古典浪漫主義的廣場……哪怕在不經意間轉回原處，它還是那樣的有看頭。

有一些地方一定要去的，花點時間去尋訪泰晤士河畔深沉洪亮的大笨鐘、金碧輝煌的國會大廈、壯觀的倫敦塔橋和珍藏皇室寶物的倫敦塔，還有傾帝國全盛時期的財力，彙集世界文明遺產而造就的藝術殿堂大英博物館，累了可以在占地廣大的皇室海德公園小憩一下……最好是無意間走入林蔭大道和美麗的宮殿，無意間撞見你所景仰的王爾德或毛姆的故居，或者在印刷品上見過的塞尚和梵谷，或者一個古老而有氣質的藝術區域……每一樣都值得慢慢品味，穩重地、恪守地、優雅地、固執地……倫敦就是這樣一個融會了人世間的無數傳奇，磨碎它們，散發到大街小巷的迷茫空氣中，同時卻又分毫不動聲色的城市。

❀ 白金漢宮禁衛軍。

INFORMATION ○○○○○

◎ **Location**　｜ 地理位置

位於英格蘭東南部，跨泰晤士河下游兩岸，距河口88公里，海輪可直達。

◎ **Climate**　｜ 氣候特徵

受北大西洋暖流和西風影響，屬溫帶海洋性氣候。四季溫差小，夏季涼爽，冬季溫暖，空氣濕潤，多雨霧，秋冬尤甚。

◎ **Best Time**　｜ 旅遊時機

☀ 5～6月。

每每逛累了，就找一家只有在英國才有的「Tea Shop」。挑一個靠窗的位子，沒有音樂，沒有雜誌，只是一壺英國紅茶，一碟店裡自烤的牛油餅乾。就這樣熱熱地喝著，香香地吃著，心裡泛起淺淺的、暖暖的滿足，彷彿這一生的追求也就不過如此了，特別是窗外有雨的時候。

　　在倫敦，王室文化是現代倫敦的背影。王室文化深深地影響著英國人的思維，他們以皇家榮為榮，以皇家樂為樂。白金漢宮無疑是皇家文化的代表，它的美需要時間來品味，時至今日，仍然保留著一分與庶民有別的高貴韻致。600多間廳室有宴會廳、音樂廳、畫廊、圖書室、皇家集郵室……都奢華如新，歲月並未在此留下痕跡。

　　白金漢宮的禁衛軍交接儀式是每天必定上演的節目，交班的

時間像大笨鐘一樣準時。每個禁衛軍都戴著毛毛的高帽，一身鮮亮的紅色制服上衣，高貴中帶著傲慢，傲慢中瀰漫著優雅，這已經成為倫敦的象徵，如果沒有看過的話那就等於沒有到過倫敦。

還記得三毛在一本書裡寫過，有一段時間她常夢到自己站在倫敦街頭，灰色濃霧中的她，穿著一襲鮮豔如血的紅裙。倫敦在人們心中的形象大概如此：濃霧、陰冷的天氣、濕漉漉的街道。不然倫敦也不會有「霧都」的稱號，其實，如果每個城市都有自己的代表色，那麼倫敦應該是煙色的，那種燃燒過後的落寞的煙灰色。

其實倫敦也好，倫敦人也罷，豈是幾句話定義得了的？他們與書本上的差距，只有靠你慢慢走進倫敦，靠自己去發現。

夜晚的倫敦燈火輝煌。

Venice

濕漉漉的回憶

威尼斯

非去不可的理由 → →

如果說中國的江南水鄉是小家碧玉，那麼威尼斯就多一些大家閨秀的氣質，精美的建築、超凡絕倫的雕塑、紅黑相間的貢多拉、優雅安詳的鴿子，構成了威尼斯古典而浪漫的城市風情。這裡有的是地中海迷人的海水、南歐亮麗的陽光和島嶼特有的微風。

威尼斯，是一個去過一次的人還想再去，沒有去過的人則發誓有生之年必去一次的地方。威尼斯就是這樣一座令人憧憬，給人無盡遐想的城市。蜿蜒的水巷，流動的清波，它就好像一個漂

浮在碧波上浪漫的夢，詩情畫意久久揮之不去。

乘坐著貢多拉船泛舟河上，聽著船夫美妙的歌聲，遠眺光影浮動的建築，旅遊威尼斯是一種美的享受。

水是威尼斯城的靈魂，大運河穿過威尼斯像反寫的「Ｓ」，賦予威尼斯不朽和靈秀之氣。這裡沒有什麼煤煙，天空乾乾淨淨，在溫和的日光中，一切都像透明的。來到這裡，彷彿來到了江南的水鄉。運河兩岸的古老街巷，沐浴在青綠色河水的愛撫之中，透著青色的光亮。一道道布滿青苔的古老院牆散發著幽幽的氣味，那些院牆圍著一個個精緻的花園庭院，沉浸在淡紫色中，洋溢著幸福和靜謐。

朱自清先生對威尼斯情有獨鍾，把大運河形象地比喻為「大街」，而那幾百條小河道就成了「北京小胡同」。貢多拉船是威尼斯的交通工具，「貢多拉」意味著浪漫和風情，每艘「貢多拉」都是精心裝扮過的，月牙樣兒的小船看上去格外考究，船體是漂亮的黑色，船幫上雕刻有細緻而精美的花紋，處處體現了威尼斯人的精緻與情趣。搖櫓的船夫也很愛修飾自己，條紋衫是他們的首選。

輕舟隨意穿行在「小胡同」裡，穿行於設計美妙的橋梁中，蕩舟威尼斯，就如進入了歐陸風情油畫。聖馬可鐘樓、聖馬可教堂以及沿河的古老建築慢慢掠過眼簾，沿岸的近200棟宮殿豪宅和7座教堂，多半建於14～16世紀，有拜占庭風格、哥德風格、巴洛克風格、威尼斯式等等。湛藍天空的背景下，橙紅、米黃、淡黃的斑駁牆面，透出古老歷史的積澱，小窗戶被叢叢紅色或紫色的鮮花點綴，看起來就像水中升起的一座彩色畫廊。

INFORMATION

◎ **Location** ｜ **地理位置**

位於義大利東北部亞德里亞海濱的威尼托區。

◎ **Best Time** ｜ **旅遊時機**

2月、3月的冬季狂歡節前後、7月、8月、9月一年一度的貢多拉節。

不可不看的地方

look
1 聖馬可廣場：
威尼斯市中心最熱鬧繁華的地方，大約有4個足球場大小，被拿破崙稱為「歐洲最美麗的客廳」。

look
2 利亞德橋：
造型為單孔拱橋，用大理石砌成，建於1592年前後，橋長48公尺，寬22公尺。它曾出現在莎士比亞的《威尼斯商人》中。

船行之處，處處有橋。「胡同」之間橋橋相連，幾百座各異的橋將威尼斯連接成一個整體。最有名的莫過於徐志摩筆下憂傷的歎息橋。它是連接總督府和監獄的一座封閉式的巴洛克風格的橋。拜倫詩中曾詠此，因而便膾炙人口起來，現在歎息橋成了見證愛情的場所，不妨帶著自己的愛人再次許下一生的祈願。

水上泛舟，天上浮雲，水中光影，一陣陣動人的歌聲從遠處飄然而至，那是船夫們在一唱一和。岸上人群熙熙攘攘，好在這裡擁擠但並不喧囂，可能是無處不在的水融化了喧囂，而且威尼斯的別致，也會徹底讓你覺得即使擁擠又有什麼關係。

懂得欣賞威尼斯之美的人，應是在月夜裡，招手叫一艘「貢多拉」，沿著運河曲折的水道，讓自己迷失在迷濛夜色中，領略這水上古城永恆的魅力。輕舟蕩漾的水聲打破寂靜，神秘宮殿如動感畫面，隱約可見似迷宮般的市井街巷裡燈火燦爛。兩旁皆是些酒吧小店、櫥窗花店，熱鬧非凡。威尼斯此刻頹廢與華麗的美感並存，迷離的情調吸引來自全世界的遊客，而這片島，就彷彿與世隔絕一般，獨自過著屬於威尼斯的華麗歲月。

不過威尼斯可不單是嫵媚而已，這一點，你到聖馬可廣場走走就知道了。聖馬可廣場是威尼斯最華麗莊嚴的地方。坐落於此的聖馬可教堂已有八九百年的歷史，外形是橫直相等的希臘十字形，是拜占庭式、羅馬式、哥德式混合的建築風格，陳列著威尼斯十字軍四次東征掠奪來的戰利品，可算歐州最富麗華貴的藝術寶庫。

這個城市，一度曾握有全歐最強大的人力、物力和權勢，昔日的光榮與夢想通過保存異常完好的建築延續到今天，獨特的氣氛使人沉醉不已。

水讓威尼斯像
一位溫柔浪漫的美
人，而夜色籠罩下
的這位美人尤其顯
得風情萬種。

流轉的白色旋律

卡薩布蘭卡

非去不可的理由 → →

　　卡薩布蘭卡有迤邐的海岸依偎著蔚藍的大西洋，城東北20多公里的穆罕默迪耶海灘沙子潔白，海風輕拂，陽光下，金沙細浪泛起片片白沫，輕輕地撫摸著岸邊的土地、岩石。日落時分，大西洋海面的船隻，燈火點點，遠遠望去，恰似天空上的星星在夜色裡閃爍。如此佳境，不止浪漫兩字！

　　卡薩布蘭卡——因為一部電影而名揚天下，電影把這座名不見經傳的城市渲染得淒美絕倫。如果你尋覓的是纏綿悱惻的戀情，請去卡薩布蘭卡；如果你所要的是片刻的銷魂浪漫，請離開卡薩布蘭卡，因為，它是愛情的信仰之地。

　　40年代的一部《卡薩布蘭卡》，就是以這個地方作背景。

一個蕩氣迴腸、賺人熱淚的愛情故事，帶出這邊遠城市的迷人風韻，令每個觀眾腦海中都升起了海市蜃樓，亦幻亦真……

卡薩布蘭卡留給人最深的印象就是白色，無邊無際的白色構成了城市的主色調，與遼闊蔚藍的大西洋交相輝映，構成一幅淡雅多姿的景象。而卡薩布蘭卡這個名字是西班牙語，意思是「白色的房子」。一幢幢白色的建築掩映在綠樹鮮花叢中，一座座阿拉伯建築風格的清真寺，古香古色、雄渾壯觀。鑄鐵的陽台，溫柔敦厚的圓弧狀線條，雪白的高牆大院映襯著棕櫚樹的枝葉，自有一股舊殖民地所特有的閒情逸致。

從穆罕默德五世廣場出發，沿著呈輻射狀的道路去觸摸卡薩布蘭卡的各個角落，古老的王宮、陵墓、博物館、水族館、傳統手工藝市場均是遊客雲集的地方。卡薩布蘭卡的老城區呈現出古老的情景，街道狹窄，房屋低矮，店鋪林立，作坊毗連，商攤密密麻麻，叫賣聲、吆喝聲、討價聲此起彼伏，偶爾有人騎著駱駝從街上走過，彷彿是一個中世紀的阿拉伯街市。

夜燈次第亮起，炊煙從海邊的白房頂上飄出來，消散在溫煦的海風中，在這晝夜交替、時光流轉之際，陽光下的卡薩布蘭卡黯淡了下去，連同那些明媚、鮮亮的顏色——藍的天空、白的房子、紅的地毯、黃褐的土

❀ 哈桑二世清真寺是卡薩布蘭卡的著名建築。

INFORMATION ○○○○○

◎ **Location** ｜ 地理位置

卡薩布蘭卡是摩洛哥最大的港口城市，瀕臨大西洋，位於坦格爾西南偏南，東北距首都拉巴特88公里。

◎ **Climate** ｜ 氣候特徵

屬海洋性氣候。1月平均氣溫12℃，8月平均氣溫23℃。氣候濕潤，除夏季少雨外，其他季節雨量均十分充足。

◎ **Best Time** ｜ 旅遊時機

☀ 3～6月。

哈桑二世清真寺的宣禮塔是卡薩布蘭卡的新標誌。

牆、男男女女身上五顏六色的衣袍，一一失去了它們耀眼的色澤。此時的卡薩布蘭卡，讓位給了某種更為凝重的、幾乎是黑白電影般的情緒，就像那部令人難忘的《卡薩布蘭卡》──有著某種渴望、某種困惑以及某種莫名的感慨。

遊走在卡薩布蘭卡，想必找尋的便是電影《卡薩布蘭卡》，其實不需要結果，找尋的過程就是對愛情的體味。凱悅酒店裡設了一個「卡薩布蘭卡」的主題酒吧，牆上掛滿了《卡薩布蘭卡》的電影劇照。在那裡可以選擇法國式的奶咖啡，也可點一杯摩洛哥人喜愛的薄荷茶。咖啡是舊日法國殖民地的歐陸情調，薄荷茶則是地地道道的北部非洲風情，使人聯想到陽光、沙漠、綠洲和棕櫚樹。這兩種味道迥異的飲料，恰好代表著卡薩布蘭卡的雙重性格。

當唱片裡的杜利‧威爾遜悠悠吐出「As time goes by」（時光流逝）這句歌詞時，酒吧裡所有人的臉上，似乎不約而同地流露出一絲恍然若失的神情。想聽這樣一首輕慢而又浸著淡淡幽怨的老歌，恐怕沒有比卡薩布蘭卡更合適的地點了吧？就著六十年前的懷舊音樂，閑坐窗前看車水馬龍如電影畫面般流轉不息，一任杯中的牛奶沫和薄荷葉聚散沉潛……卡薩布蘭卡的浮生半日，就這樣揮霍了不也很好？

卡薩布蘭卡景點不多，但哈桑二世清真寺是首選的景點。它有2/3的面積是建在蔚藍的大西洋上，像一艘正待駛向大海的白色帆船，迎著海風，迎著晶瑩的海浪。船身鑲滿了精緻又繽紛的花紋，這可是工匠們費時5年才完成的，它的噴水池、拱廊、每扇門

都是裝飾藝術中的精品，令人看了目眩神迷。禮拜大殿從宏觀結構到最細微的裝飾，處處體現著摩洛哥民族特色，可容下25000名信眾，打開屋頂，迎入陽光，信仰就融入蒼穹。

　　卡薩布蘭卡，也是一種花的名字，它是世上最美的百合花，寓意幸福。愛情使人幸福也可以使人絕望，那為什麼不選擇幸福卻要選擇絕望呢？卡薩布蘭卡，演繹著你們的愛情故事。送你一束卡薩布蘭卡，幸福是它唯一的含義。

卡薩布蘭卡是一座白色的城市，白色的建築和綠色的馬賽克裝飾就像是翡翠一般。

不 可 不 看 的 地 方

1 look
哈桑二世清真寺：
　　哈桑二世清真寺有2/3的面積建在海上，其餘部分與陸地相連。從卡薩布蘭卡的海濱大道上遠遠地望去，哈桑二世清真寺就像一艘泊在岸邊、即將起錨的帆船，正要迎著大西洋的波濤昂首向前。

2 look
卡薩布蘭卡主題酒吧：
　　其規模、擺設和營造的氣氛和影片中的里克夜總會相差無幾，不同之處是裡面擺放了一部放映機，牆上掛滿了《卡薩布蘭卡》的電影劇照。酒吧裡還不時地播放《時光流逝》這首名曲。

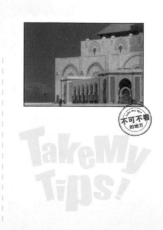

不可不看的地方

Take My Tips!

Moscow

凝固的歷史

莫斯科

非去不可的理由

　　莫斯科，這個色彩鮮明的城市，充滿歐洲異國情調的浪漫風味，令人深深迷醉。

　　在歐洲，莫斯科算得上是比較古老的城市。莫斯科建城於1147年，迄今已有800多年的歷史。800多年間，俄羅斯有著幾次較大的歷史變遷，莫斯科作為俄羅斯的中心城市，與國家一起經歷了一場場興衰榮辱。俄羅斯人自己說：「莫斯科不是一個城市，莫斯科是一個世界。」走在莫斯科街頭，感覺著俄羅斯的心跳。許多國家的歷史是寫在書本裡，但俄羅斯的歷史卻書寫在大地上，它博大精深的文化底蘊，是我們無法用語言來形容的。這

裡到處都是歷史留下的記憶，充滿著俄羅斯的強國夢想和激情。

有人說，紅場的俄文含有「美麗」、「紅色」的意思，所以人們把它譯為紅場；也有人說，廣場周圍的建築物都是紅色因而得名；更有人從歷史的角度認為，書寫著近千年俄羅斯歷史的廣場，經歷了一次又一次血的洗禮，稱為紅場名副其實。當你哼唱著「莫斯科郊外的晚上」，嘴裡嚼著黑麵包，喝著克瓦斯，漫步在紅場之上，那是一種什麼樣的感覺？灰黑色條石鋪砌的場地，絳紅色的圍牆、鐘樓以及高聳的克里姆林宮，那些曾稱霸於世的大帝和領袖……紅場與克里姆林宮是莫斯科最迷人的風景線。

克里姆林宮的水塔也是由紅磚砌成的，高高聳立，在陽光照射下映出一片光豔的赤紅。

而其中最能表露莫斯科人情懷的恐怕就是克里姆林宮，它是俄國歷代帝王的宮殿。十月革命以後乃至今天，國家領導人不再住在宮裡，不過仍在那兒辦公。最具特色的是一組有洋蔥頭頂

不 可 不 看 的 地 方

1 look
克里姆林宮：
　　「克里姆林」一詞的原意就是「城堡」。克里姆林宮歷來是莫斯科市的中心，
在克里姆林宮裡，保存了俄羅斯最優秀的古典建築和其他文化遺產。

2 look
紅場：
位於市中心，占地9.1萬平方公尺，「紅場」名稱由沙皇於1658年確認，意為「美麗的廣場」。

INFORMATION

　　莫斯科地處俄羅斯平原中部，跨莫斯科河兩岸。是世界特大都市之一，面積1000多平方公里。

　　莫斯科屬大陸性氣候，每年從9月29日開始進入寒冷時期直到第二年的5月10日。通常年降雨量為540～650毫米，雨季從4月開始到10月結束。

☀ 5～6月。

※ 冬日的莫斯科散發著一種令人神往的特殊風韻。

　　的高塔，它們是在紅磚牆面上用白色石頭裝飾，再配上各種顏色的外表，如金色、綠色雜有黃色和紅色，氣宇軒昂。宮內華麗的浮雕，精緻的螺旋柱，融匯了東西方建築的精華。走在宮內，彷彿讀著俄國的歷史，有那經歷了400多個春秋、重約40噸的「炮王」；還有1735年鑄成的「鐘王」。悠揚的「莫斯科鐘聲」是由伊萬大帝鐘樓內懸掛的十多個大小古鐘所發出的。宮內的幾座教堂無一例外地從牆壁到穹頂都覆蓋著詮釋聖經故事的油畫，那是極為珍貴的俄羅斯最古老的聖像壁畫。

　　紅場南面是聖華西里教堂，這座教堂中間是一個帶有大尖頂的教堂冠，8個不同色彩和花紋的小圓頂錯落有致地分布在它的周圍，再配上9個以黃金蓋面、洋蔥頭狀的教堂頂，簡直美妙絕倫，在俄羅斯以及東歐國家中獨具一格，已成為紅場的標誌性建築。據說，當年沙皇為了別處不再出現如此美麗的教堂，竟下令弄瞎了建築師的雙目。

　　紅場西側的列寧墓，色調肅穆、凝重，外面鑲嵌貴重的大理石，黑色、灰色的拉長石，深紅色的花崗石和雲斑石。列寧的遺體安放在水晶棺中，柔和的燈光映照著他的臉龐與雙手，一派安詳，彷彿他剛剛睡去……

　　無名烈士墓就更要去了，這是這座古城血與淚的見證，它是

為紀念二戰中犧牲的人們而修建的。墓碑前的長明火噴湧著幽藍的火焰，自1967年勝利節建成時點燃，一直燃燒至今。墓碑上刻著兩句話：「你的名字無人知曉，你的功績永世長存。」父母會帶著孩子來這裡講述《莫斯科不相信眼淚》；新婚的夫婦會來這裡祈求先烈的保佑，這是今天俄羅斯人寄情的地方，也體現了俄羅斯人的抗爭與捍衛的精神。

硝煙遠去，如今的莫斯科除滄桑厚重外，略加些許的悠閒和懶散，西方人的浪漫也顯露無疑。阿爾巴特街是一條文化藝術街，街頭藝人一面表演一面賣藝。邊走邊逛，你可以看到畫畫的、拉小提琴的這些主流藝術，也可以看到旁門左道的江湖術士，他們在這裡既顯得反差極大，卻又能夠奇妙地和諧共處。街上有許多露天的酒館和咖啡館，逛累了就坐下喝杯咖啡，將自己完全暴露在和煦的暖陽底下、鮮花簇擁之中，這樣，異鄉也成了美麗的天堂。

紅牆、綠水、藍天、白雲、華麗殿堂的尖頂，一切是那麼和諧壯觀。

哥本哈根

非去不可的理由

在一座城市裡，齊聚著古老與神奇、藝術與現代、自然與
人文、激情與寧靜，這就是哥本哈根，一個迷人的國度。

安徒生筆下那一尾有思想的魚兒，為了享受人間的愛情，以
自己優美的嗓音為代價，換得與自己傾心的人在陸地上一同呼吸
的機遇，然而愛情最終化作泡沫……凡是那些充溢著愛和思想的
作品，都讓人刻骨銘心。因此讓我們的腳步跟隨心靈一起漂洋過
海，來哥本哈根追尋童話的溫床，追尋安徒生的心靈軌跡。

來到這裡，我們也許主要看的不是風景，而是體味這裡空氣
裡彌漫的風情。丹麥首都哥本哈根是北歐最迷人的城市之一，因

為這裡有夢幻般的城堡和宮殿，奇妙的鐘樓和雕塑，還有安徒生如詩如畫的優美文字……四處充溢著童話的氣息；音樂、美酒、時尚……快樂的元素不約而同地聚集在哥本哈根的大街小巷和波光水影裡。

　　一望無垠的田野、美麗的房屋，丹麥郊外的空氣清新而自然。天是那麼藍，一種透明的蔚藍，安然的氣氛籠罩優雅的街道，樹叢後的住宅窗戶上反射大海的光芒，蔚藍的天空和蔚藍的海洋在這裡親密地契合。無論走到哪裡，都能感受到那種激發安徒生創作世界著名的美麗童話的氛圍和景觀。丹麥鄉村的美麗和寧靜，襯以眾多的莊園和古城堡，開闊的鄉間公路旁那如畫一般的古老鄉村教堂，還有那些獨具丹麥風味的小餐館。哥本哈根市容美觀整潔，市內新興的大工業、企業和中世紀古老的建築物交相輝映，使它既是現代化的都市，又具有古色古香的特色。

　　哥本哈根被稱做「北方的巴黎」。每年7月的哥本哈根國際爵士音樂節，是個不容錯過的年度盛會。音樂節持續整整10天，來自世界各地的遊客、樂迷、歌星彙聚於此，在音樂的氛圍裡沉迷。與此同時，這裡還有阿肯現代美術館、路易斯安那美術館、國家博物館、丹麥國家美術館等眾多藝術博物館。從古老的古典

廣場上的噴泉與遠處的建築完美地融合於一體。

INFORMATION ○○○○○

◎ Location | 地理位置

　　位於丹麥西蘭島東部，隔著厄勒海峽和瑞典重要海港馬爾默遙遙相對。它是丹麥政治、經濟、文化的中心，也是全國最大和最重要的城市。

◎ Climate | 氣候特徵

　　受墨西哥灣暖流影響，氣候溫和。1～2月平均氣溫在0℃左右，7～8月平均氣溫16℃。年平均降雨量700毫米。

◎ Best Time | 旅遊時機

　　每年4、5月開始，哥本哈根天氣回暖，市區花朵盛開，讓古色古香的建築物多了些朝氣，正是旅遊的好時機。

藝術，到繽紛的現代藝術，都能在這裡找到豐富的展示，使你不禁陶醉在藝術的氣息中不能自拔。哥本哈根本身也是個購物天堂，它齊聚著世界各地的一流品牌以及標誌著丹麥設計風格的各式作品。而貫穿全年度的各種主題節慶，令狂歡從夏季一直延續到冬季。在這裡，或者是矗立的古堡靜靜地等待與你相逢，或者是櫥窗裡琳琅滿目的商品在向你招手，這都是哥本哈根，一個既寧靜又有激情的城市。

　　欣賞一座城市，你亦會喜歡這座城市培育的名人，安徒生在哥本哈根度過了他的大半生，他的眾多著作都是在這裡誕生的。哥本哈根集聚著充滿童話氣質的古堡與皇宮、鄉村與莊園。從沉澱著古老歷史的舊皇宮，到延續著皇族傳奇的阿馬林堡宮，它已從過去走到了現在，更將從現在走向未來！

夜幕下的哥本哈根燈火通明，城市在河水和燈光的映襯下顯得迷離而別具風韻。

重返文藝復興

托斯卡納

Toscana

season
of dream
season of

不可不看的地方

1 look
錫耶納：
　　中世紀最早崛起的托斯卡納城邦之一，鄉村風情獨特迷人。錫耶納的田野廣場位於一座山谷中，廣場一隅的市政宮塔樓是錫耶納的驕傲象徵。

2 look
阿爾西多索：
　　是托斯卡納美麗古鎮的代表，坐落在阿米亞塔山的西側。周圍栗樹成林，彷彿中世紀的恬靜村鎮。

　　托斯卡納，或許不如羅馬、米蘭那樣揚名在外，但在歐洲，它卻享有盛譽。勃朗寧夫人曾這樣評價托斯卡納：「這裡的空氣似乎能穿透你的心扉。」托斯卡納，已經成了歐洲人逃避世事紛亂、尋找靈感、休憩身心的所在。

　　托斯卡納似乎濃縮了整個義大利最好的特質，這裡有陽光島嶼和托斯卡納群島湛藍色的海浪，有溫柔的奇昂帝山區鄉村和野性的馬勒馬高沼地……它們全聚集在這塊面積相當於新澤西的土地上，更不用提這裡還擁有世界上最受歡迎、最暖人心的美酒了。

　　陽光下的藍天白雲是托斯卡納最典型的狀態。那些中世紀的古老小城，被菩提樹上杜鵑的叫聲喚醒，沿著梯田散步，看看橄欖第一天長出的樣子……這就是托斯卡納的生活。托斯卡納地區最著名的城市當數佛羅倫斯。佛羅倫斯的舊譯名是「翡冷翠」，雖然看上去有些匪夷所思，但是這個精緻的名字倒頗讓人有些幻想。這座城市的每個角落都散發著古老的文化藝術氣息，精美的貴族宮殿和別墅隨處可見。阿諾河傍晚閃耀著金色的光芒，映照著街景和文藝復興的遺跡，讓人真正地感悟到了佛羅倫斯的美麗。

　　如果你在這些充滿著文化和藝術氣息的城市裡遊累了，就去托斯卡納的鄉村，做一番輕鬆的鄉村休閒之旅，錫耶納、阿爾西多索都有如畫的風情。其實隨意找個小鎮走進去，就忘記了從何而來。托斯卡納鄉村一切的顏色、起伏線條、空氣，都有點柔軟的做夢感覺，有些唯美如畫的朦朧意味，在安靜享受托斯卡納沁人心脾的陽光與空氣的同時，也開啟了一座心中的「托斯卡

納」！

　　如果要用一幅畫來概括托斯卡納的印象，那就是一條兩邊長著柏樹的鄉村小路，小路直通向遙遠不知名的地方，好像要把人帶回到托斯卡納輝煌的文藝復興年代。古老的橄欖樹，微斜的三層古塔，在陽光裡散發出懶洋洋的、旁若無人的氣息；高起的小丘上，隱約於樹後的獨立農院，如茵的大地上錯落有致的古老莊園——即使是畫家，也很難把畫面安排得如此不露痕跡。人們常說上帝寵愛義大利，托斯卡納便猶如那得到寵愛的雨露滋潤而生長出的葡萄藤。心無羈絆、慵慵懶懶地流連於這裡，義大利的精華與美麗就侵入肌膚了。

　　托斯卡納，是不關現實的幻想之美。霧氣在周圍優美的山谷裡四面浮起，只露出一個個遠近山丘，上面有隱約的白牆紅瓦在反射霞光，還有那些如巨劍般伸向天空的黑色松樹，飄在彌漫原野的薄霧上面，此時的托斯卡納，不是翡冷翠，不是比薩，是一卷起伏如海的大自然畫卷。

✽ 山丘中的霧氣使托斯卡納看起來是如此的沉靜，但也給它蒙上了一層神秘的面紗。

INFORMATION °°°°°

◎ **Location** | 地理位置

　　位於義大利中西部，面積近23000平方公里。行政區首府為藝術文化古城佛羅倫斯。

◎ **Climate** | 氣候特徵

　　春季平均氣溫15℃，夏季平均氣溫可達27℃，秋季溫和乾燥，平均氣溫16℃，年降雨量914毫米，冬季山區有降雪。

◎ **Best Time** | 旅遊時機

☀ 四季均可。

Budapest

多瑙河之光

布達佩斯

非去不可的理由

　　布達佩斯的魅力所在，不是那種你看第一眼就能喜歡並愛
上它的地方。初看，好像不怎麼起眼，可是慢慢地你就會發現
它的美妙。

　　世界上大多數的地方，無論它是多麼的以安靜著稱，到了首
都總免不了車囂馬喧，唯獨在布達佩斯，多瑙河緩緩地淌過古老
的布達和佩斯，只把安靜留給了這座城市的大街小巷。布達佩斯
就像一個天生麗質的少女，多瑙河是她秀麗的長髮，凱凱什峰是
她傳神的明眸，巴拉頓湖是她激蕩的情懷。

　　來到布達佩斯一定要乘遊船在多瑙河上盡情地觀賞布達佩斯

兩岸美景，滔滔的多瑙河水進入到匈牙利不遠處驟然轉彎，然後從容不迫地從北向南靜靜流淌，宛如一條精美的項鏈戴在了這個美麗國度的頸上。布達佩斯就是這串項鏈上最璀璨的一顆明珠。

布達佩斯是一座雙子城，美麗的多瑙河似一條玉帶橫穿在布達與佩斯之間。河西是布達，丘陵蜿蜒起伏；河東是佩斯，一望無垠的匈牙利大平原在這裡發端，一直向東南伸展。幾座氣勢雄偉、風格迥異的大橋把兩岸緊緊連在一起，古老的鏈子橋是連接布達與佩斯間最古老、最壯美的橋梁，尤其是當夜幕降臨，華燈初上時，鏈子橋被燈光裝點得璀璨奪目，和河面上穿梭的遊船、城堡山上的馬加什教堂、皇宮等一起組成布達佩斯最為迷離魅惑的夜景。其實，它們也連接起了兩個似乎完全不同的時空——歷史與現代。

布達城區最醒目的就是佇立在蓋依特山頂上的自由女神雕像，她雙手高舉橄欖葉，昂首仰望藍天，像是在向上蒼及世人訴說著自由的難得與可貴。雕像現在已經成為布達佩斯的精神象徵。而沿著山路環繞上行，是一層層的城堡王宮，這一片依山而建的龐大建築沒有圍牆，一座座城堡沿著山勢起伏而立，錯落有致，文藝復興風格的牆壁與高聳巨大的綠色圓頂使得城堡氣勢非凡。如果說布達適合於懷古追思，那麼佩斯則是一個休

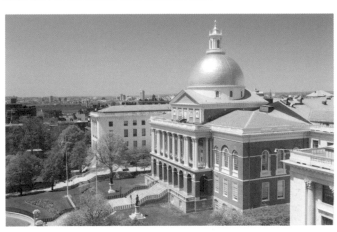

INFORMATION ○○○○○

◎ **Location** | 地理位置

匈牙利首都，位於國境中北部，坐落在多瑙河中游兩岸。

◎ **Climate** | 氣候特徵

溫帶大陸性氣候，四季分明，春夏季雨量充沛，平均氣溫21℃。

◎ **Best Time** | 旅遊時機

☀ 6～8月。

不可不看的地方

>> 1 look
漁人堡：
位於匈牙利首都布達佩斯的城堡山上，
這是一座具有古羅馬風格、造型別致且面向多
瑙河的建築。建於1905年，最早這裡曾是個漁市，後來漁民們
為了保護自己的利益而修建了此堡，作為防禦之用。

>> 2 look
國會大廈：
坐落在多瑙河畔的布達佩斯國會大廈，是一座宏偉壯觀的新哥德
式建築，它是布達佩斯的象徵。

閒漫步的去處。街道兩旁種植著一排排菩提樹、洋槐樹和丁香
樹，正值夏季，濃蔭覆蓋，翠綠宜人，在這裡，原來樹木也可以
是城市的主人。

　　布達佩斯是一首凝固的史詩、一件精雕細琢的工藝品，整
座城市裡放眼所及，盡是珍貴的歷史古跡與宏偉的建築。沿著多
瑙河蜿蜒而下，舊皇宮、漁人堡、教堂等諸多建築，讓人有置身
巴黎塞納河畔的錯覺；徜徉於布達佩斯的大街小巷，推開一扇扇

※ 在布達佩斯城堡
山上的漁人堡，是
布達佩斯最著名的
旅遊景點之一。

美麗的多瑙河就像一條玉帶橫穿在布達與佩斯之間。

高大沉重的橡木門，走進大理石鑲嵌、石雕裝飾的普通民居中的天井，那份歷久的富麗堂皇已轉化為古樸、平常，卻愈發讓人流連，引人遐想。

而來到這裡，還有一個吸引人的景點——漁人堡，米白色的建築，彷彿童話城堡般的造型。這裡是俯瞰全城的制高點，可以從這兒遠眺。登上城堡，布達佩斯全貌在眼前一覽無餘：天空碧藍如洗，藍色的多瑙河波光粼粼，布達佩斯好似一幅壯麗的油畫，在5月的陽光下熠熠生輝，整座城市被鬱鬱蔥蔥的樹木、鮮花和草地包裹著、簇擁著，宮殿、教堂、博物館在明媚的陽光下顯得尤其整潔明麗。

國會大廈是匈牙利最宏偉、最莊嚴的建築之一。新哥德式的壯麗姿態顯得格外美麗，內部裝飾富麗堂皇，裡頭還有匈牙利歷代君王的雕像，造型千姿百態，藝術巧奪天工。英雄廣場樹立著歷代國家英雄的雕像，鐵甲武士騎著駿馬，手持盾牌與寶劍，雄赳赳氣昂昂。與之相對的是一個偌大的森林公園，園內盡是一個個休閒的家庭。其實布達佩斯的美，還在於人們的安詳，對於一個飽經滄桑的民族來說，安詳顯得多麼寶貴。

有人說，布達佩斯的天空有巴黎的味道。巴黎是巴黎，那是在法國；布達佩斯是布達佩斯，這是在匈牙利，一個為爭取自由不惜一切的國家，一個自由至上的城市，一個雖然簡單但是很有味道的城市。一切美景若具備歷史的底蘊、文化的內涵，就不僅僅令人陶醉，更使人多些悠悠的回味……

逝去的光明

亞歷山卓 >>>

非去不可的理由

亞歷山卓處處是故事，清新的海風夾雜著碎碎的歷史塵埃，撫摸著每一個來到它懷抱的人。黃昏時分，一輪紅日緩緩沉入大海，埃及豔后的船隊浩浩蕩蕩遠征歸來……

如果要為埃及尋找個浪漫的出口，那麼一定是亞歷山卓，那是一個可以擺脫世事侵擾的絕佳之地。這個由馬其頓人亞歷山大大帝親手建造的城市，曾經是希臘羅馬時代埃及的首都，歷經數百年的滄桑，至今仍然散發著動人的風情，被稱為地中海的明珠，更有人可愛地稱它為「地中海的新娘」。

亞歷山卓面對浩瀚的大海，背倚波光瀲灩的邁爾尤特湖，簡單而綺麗。曾經的廝殺、曾經的榮耀在這裡留下了深深的烙印。雖然與其他古城相比它的遺跡並不多，但是僅留的幾個就將我們拉入了久遠的歷史。矗立在小山上的龐貝柱、兩座斯芬克斯石像、羅馬圓形劇場、地下墓，還有法羅斯島上的魁特貝城堡都值得一遊。

現在最著名的龐貝柱位於亞歷山卓南，柱高26.85公尺，下半部直徑為2.7公尺，已然是亞歷山卓的標誌。光陰在龐貝柱前停止了腳步，只留下了斑駁的痕跡。石柱下面就是古代有名的亞歷山大圖書館，曾經藏書70萬卷。西元前48年，凱撒率兵占領亞歷山卓，燒毀了圖書館，導致人類文化史上的一場浩劫。

亞歷山卓給人們留下更多回憶的是那指航的亞歷山大燈塔，這個當時世界上最高建築的火光，在晚上照耀著整個亞歷山卓，保護著海上的船隻，14世紀的大地震徹底摧毀了它。一位阿拉伯旅行家這樣記載著：「燈塔是建築在三層台階之上，在它的頂端，白天用一面鏡子反射日光，晚上用火光引導船隻。」現在，亞歷山大燈塔已成為雲煙，更給世人留下了無盡的遐想……

🏵 夜色下的亞歷山卓，在燈火的映照中顯現出了朦朧美，別有一番意境。

INFORMATION ○○○○○

◎ Location ｜ 地理位置

埃及最大海港，歷史名城。地中海沿岸的避暑勝地，素稱「地中海明珠」。位於尼羅河口以西，距首都開羅約200多公里。城市東西長30多公里，南北最窄處不足2公里。

◎ Climate ｜ 氣候特徵

地中海型氣候，年平均氣溫最高7月約26℃，最低1月約12℃。全年平均降雨量約300毫米。

◎ Best Time ｜ 旅遊時機

☀ 春天或秋天。

Nara

未曾黯淡的繁華

奈良 >>>

　　空靈的奈良古城，空氣中是淡淡的櫻花香氣。一間間拉著布幔的小店間或點綴著一路的民居。照例是安靜的，偶爾會有一些老太太掀開布幔探出頭來，空氣都因為她們沉靜的面容而變得溫柔了。

　　奈良——一個古典的城市，如果非要找個相似的中國城市，那就是蘇州，清靈淡雅。這是一個有些舊了的，散發著淡淡詩意的古城。徐徐的閒適，似是脫離了這個日新月異的時代，卻又隱隱透出些許老城的驕傲，帶些繁華舊事的頹靡，叫人不敢褻瀆。

西元708年，元明天皇認為奈良四面環山、城外峰巒疊翠、草原廣闊，是一塊風水寶地，便頒發詔書，調集全國能工巧匠，大興土木，營建新城，並定名為平城京。與鄰近的中國唐都長安相似，都是紅柱、綠瓦、白壁的宏偉建築。平城京曾先後作為七代天皇的國都，是這座城市歷史上的鼎盛時期，創造了天平時代文化。

在一個僅有74年首都歷史的城市中，奈良1200多年的廟宇和藝術品被保存下來，這些證明了這個古老首都有過的榮耀。日本著名作家志賀直哉曾這樣評價奈良：「今天的奈良只是過去的一部分。正如名畫殘缺一部分就顯得更加美麗一樣……」

奈良城很小，你甚至可以步行或騎自行車遊遍奈良城的各個角落，主要景點都集中在鹿園內及其附近。奈良公園大道是必經之路，你會感覺分不清哪裡是公園，哪裡是城市街區。每一個民宅、每一個建築，都透著濃厚的傳統風韻，即便只是一個窗欄，簡單之中都透著工匠們鬼斧神工的魅力。

鹿是奈良的象徵，無論是路邊的古樹後面，還是如茵的草地裡，甚至就是在車來車往的公路上，到處都有梅花鹿悠閒地棲息在那裡。這些野生的鹿群自在地生活在春日山腳下，自由地出入於森林、草坪、寺院、公園之中。對於路人投去的目光，這些已經見

位於奈良市北部、初瀨川沿岸的長谷寺，在叢林和花草的掩映下，顯得端莊而神聖。

不 可 不 看 的 地 方

1 look
唐招提寺：
位於日本奈良市五条町，西元759年中國唐朝高僧鑒真所建，是著名古寺院。

2 look
奈良公園：
從近鐵奈良站出站向東走5分鐘左右，以著名的寺廟和散養著成群的鹿而聞名。

INFORMATION

◎ Location 　　　　地理位置

　　位於日本本州島中西部，座落在奈良縣北端，與京都和大阪成等腰三角形。四面環山，市區建築保持古香古色風格，1950年被宣佈為國際文化城市。

◎ Climate 　　　　氣候特徵

　　氣候溫濕，冬夏溫差大，年平均氣溫14.3℃。年降雨量1390毫米。

◎ Best Time 　　　　旅遊時機

☀ 春秋兩季。

足了大場面的梅花鹿幾乎是無動於衷，除非牠們餓了，要不然牠們永遠像公主在自己宮廷的後花園裡一樣，我行我素、悠然自得。

有人說奈良就是唐朝的遺孤，在遙遠的日本重現著唐朝的風采。此言不差，佛像上依稀可辨的油彩見證了歷史的風華，斑駁的木樺穿透了歷史的體溫，盛唐之音的華彩樂章穿越了十幾個世紀，我們應該感謝奈良城，只為盛唐。

奈良公園內的東大寺，是世界上最大的木造建築，富於中國瑰麗精細、變化多端的建築風格。寺內有鑄造於西元8世紀中葉的金銅佛像，高16多公尺，重約5噸，是世界上最大的金銅佛像，代表了天平時代文化的精華，被定為日本的「國寶」。

城市西郊的唐招提寺，建於西元759年，是中國唐朝鑒真大師創建的，這座古老的佛寺，充分體現了中國盛唐時期建築和造型藝術的高超水準，由金堂、開山堂、講堂、禮堂、寶藏、經藏等眾多殿宇和庭院組成，極盛時期有僧徒3000餘人。開山堂裡鑒真大師的乾漆圓寂姿態坐像，面顯微笑，雙目緊閉，面向西方，也是日本的國寶之一。

奈良，如果用一個詞來形容，那就是清靈二字，如此清靈之地，怎能錯過？

Chapter 04

∷冒險天堂

Sahara

可望不可及的浪漫

撒哈拉

非去不可的理由

「當我想你的時候天上就會掉下一粒沙，於是就有了撒哈拉。」撒哈拉可以給予人的東西不多，偏執的浪漫愛好者只能在那裡找到黃沙、大太陽、汗水、自己的影子和一種叫做口渴的感覺，生命以一種清晰的方式被消耗，像一根被焦灼而幸福地點燃的蠟燭，與浪漫無關。

撒哈拉的浪漫是一種沒有指望的荒涼的浪漫，可望不可及地升騰在廣漠的深處，猶如海市蜃樓，成為絕望之人飲鴆止渴的陷阱。三毛雖然離開了那片沙漠，可最後還是消逝在撒哈拉空氣一樣的浪漫裡面，她的文字是她的挽歌：「……落日將沙漠染成鮮紅的血色，淒豔恐怖……大地轉化為一片詩意的蒼涼。」

在三毛的筆下，撒哈拉是一個被過度美化了的地方，可愛

的蒙昧、不討人厭的骯髒、誠實的饑餓的人們、看上去很美的吃人泥沼，一切危險環境的表面均被覆以三毛式的唯美生活觀……好吧，讓我們不談三毛，說撒哈拉。世界上怕是再沒有一個沙漠帶可以跨過廣闊的大陸，從此海岸直抵彼海岸了吧？撒哈拉就是這樣的，如果說非洲的一半是原始，一半是荒涼的話，那麼這荒涼的一半一定是用來描述撒哈拉沙漠的。荒唐地說，這裡是上帝經營世界最不用心的地方，沒有夜鶯的啼鳴，沒有散文和十四行詩，沒有道路和夜裡的燈火，只有風和沙。

在沙漠北面居住的是穆斯林的阿拉伯白種人，沙漠南邊是黑

非洲的故鄉，是被叫做蘇丹的夢境大地。在歐洲人沒有乘大船從海上繞去非洲南部的時候，阿拉伯人的駱駝是撒哈拉最出色的腳力工具，這種耐饑渴又可以長途負重的動物，在撒哈拉並沒有原始的祖宗，是地地道道的舶來品。素衫裹頭的阿拉伯人騎在駝背上，帶著布匹，趕著馬群一路向南，在那裡換

突尼斯的遊牧民族——貝多因人。他們穿越撒哈拉沙漠，過著遊牧生活，駱駝是他們不可或缺的交通工具。

INFORMATION ○○○○○

◎ Location ｜ 地理位置

撒哈拉沙漠，位於非洲北部，西自大西洋，東至尼羅河，北起亞特拉斯山，南至蘇丹，南北縱貫1061公里、東西5150公里，面積超過900萬平方公里，是世界上最大的沙漠，幾乎占整個非洲大陸的1/3。

◎ Climate ｜ 氣候特徵

撒哈拉是典型的熱帶沙漠氣候，炎熱乾燥、溫差大。全年平均氣溫超過30℃，最乾燥的地區年降雨量少於25毫米，有些年分全年無雨。有雨的地方，雨水也在落地之前蒸發到了大氣中。

◎ Best Time ｜ 旅遊時機

南半球夏季。

不 可 不 看 的 地 方

1 look
撒哈拉壁畫群：

撒哈拉原住人群在塔西利特高原當地沙岩的表面留下的野牛、駝鳥和人的畫像。畫面色彩雅致和諧，栩栩如生。

2 look
莫普提：

馬利的中部城市，坐落在尼日河及其支流巴尼河匯合處的3個小島上。莫普提有「千魚之城」的稱號，每到雨季，2.4萬平方公里的季節湖一望無垠，肉質細嫩的尼羅鱸、能長到1公尺多的馬里鮭和各種各樣叫不上名字的魚，在這片水域繁衍生長。

TakeMy Tips!

成阿拉伯商品世界裡幾倍價值的黃金和精鹽，帶回北方交易。撒哈拉裡面的綠洲，這一時期多被騎駱駝的人控制著，成為商道上的關隘，直到地理大發現開始才蕭條下去。

撒哈拉有著無人紀念的謎一樣的歷史。在沙漠中部的塔西利特、恩阿傑爾高原，留著人們至今都無法給出合理解釋的壁畫，因為不可能有一個創作隊伍會在這樣拙劣的環境下，跑到這裡來做出這樣的壁畫。唯一可能的解釋就是，這裡曾經一度適合人

沙漠中的水井，是當地居民生活的必要保證。

漫漫黃沙，無邊無際，它吞噬著人類的家園。

類棲居，也恰恰有一群心靈手巧的人住在這裡。他們或漁或獵並且很從容地有一些勞動剩餘，於是他們就在岩壁上畫起圖來。這些壁畫按內容被戲劇性地分做水牛時期、黃牛時期和馬匹時期，內容無非是一些勞動場景或是自然即景，這樣的活動在很長時間裡成為他們的全民樂趣。可是，讓人惆悵的是，那是在怎樣的時代？他們又去了哪裡？在他們留下那些福至心靈的作品後，撒哈拉就無可挽回地荒涼了。

當人們看見那些壁畫時，人們的疑問不是這寂無人聲的廣漠裡，何以會有這樣富饒的場景，而是這樣的美麗家園為何成了沙海一片？然而，撒哈拉的荒涼並非是不著一物的，那些只攫取一點水分和給養就可以生存的沙生植物、棕櫚科的棗椰樹、小心的沙鼠、鬼鬼祟祟的沙狐、善跑的鴕鳥、珍稀的巨蜥，構成了生存資源有限的撒哈拉裡微妙的生物鏈。在河流交匯的地方，也有魚米豐裕的地方，比如莫普提。

撒哈拉或許真的有一種浪漫，而這種浪漫恰恰在於它在極度荒廢的情況下，依然保有適當繁榮的生活審美價值，以至於幾乎要讓人相信，這種浪漫在踏上撒哈拉沙漠的時候就可以到達。

Amazon Rainforest

綠色祕境

亞馬遜雨林 >>>>>

非去不可的理由

　　亞馬遜雨林裡有60000多種植物、1000多種鳥類、300多種哺乳動物，水中還有2000餘種淡水魚類和比較出奇的水生哺乳類，如淡水粉海豚和大水獺。這是一個繽紛的物種世界，不為可以將它們的名字一一窮舉的辭海而生，卻為你因好奇而睜大的眼睛而生。

　　來過亞馬遜雨林的人會告訴你，地獄和魔鬼的皮膚是綠色的。這裡聚集著地球1/10的物種，一切都是恣意橫生的，沒有統治者，也沒有誰抱著在這裡建立秩序的念頭作過努力。

　　走在雨林裡面，沒有人可以面面俱到地告訴你要提防哪些東西，因為你要提防的東西實在太多，以至於最後草木皆兵，一滴

從脊背上滾落的冰涼雨水也會把你駭個半死。介入者的生存在這裡變得異常艱辛而岌岌可危，不經意的每一步都可能會招致殺身之禍。這或許就是亞馬遜雨林的精神了，坐擁著廣泛的生命，卻難容得一二外來人。

原始景象的繁茂令人所生的荒涼之感，從來就是符合健康的審美觀的，這源於人類祖先血脈裡在現代生活中還沒有式微掉的涉險精神。有人作過「看山不喜平」的主張，李白在臆想劍閣時也無不詳述其險惡，以至於讀到最後讓人不禁心驚膽寒。但這種主張是從文藝的角度立言的，科普或廣告的精神是公正的，以亞馬遜的熱帶雨林來講，其面目遠沒有某些以金剛或是狂蟒為主角的電影所昭示的那樣兇險可憎。

亞馬遜河是雨林的母親，這條發源於安地斯山脈的河流，全長6千多公里，遜於尼羅河而屈居第二。然而就流量和河道錯縱複雜的程度而言，卻是當之無愧的世界第一。有人說，沒有另外一條河可以像亞馬遜河那樣，能夠使人類放下其傲慢而心生敬畏了。在亞馬遜河的諸多名字裡面，有人叫它做「馬拉尼翁」，即自然的迷宮。這座迷宮所締造的生態體系是獨特而不可複製的，

❀亞馬遜雨林是地球上生物多樣性最豐富的地區，叢林深處樹木茂密，人跡罕至，透出無窮的神秘。

◎ **Location** ｜ 地理位置

　　主要部分在巴西境內，延伸至蓋亞那、委內瑞拉、哥倫比亞、蘇利南、法屬蓋亞那、厄瓜多、秘魯和玻利維亞境內。

◎ **Climate** ｜ 氣候特徵

　　熱帶雨林氣候，高溫高濕。

◎ **Best Time** ｜ 旅遊時機

☀ 全年。

獨有的生物種群、與世隔絕的原始部落，亞馬遜或者印加的名字以此著上神奇迷人的色彩。當外部世界的文明各自獨立成形並開始迅速串聯的時候，發源於這裡的文化卻意外地失去了它的主人，只留下一個籠統的稱呼——印加人和一個以太陽為意象的荒廢的圖騰。

　　亞馬遜的叢林是地球之肺的發動機，支援著大氣裡從二氧化碳到氧氣的迴圈的很大一部分。一項調查顯示，在最近的幾年間，叢林裡的喬木比灌木展現出更大的生機，有人推測這是由於大氣二氧化碳含量日增的緣故，暴露於叢林表面的喬木的葉子更加優先地借助日光進行光合作用，從而比低處的小灌木獲得了更多的養分，這是一種非正常的淘汰機制，是雨林的命運里程裡始料不及的。或許千年或更短的時間之後，由於人為的破壞，我們將再見不到雨林裡蔥蘢的灌木，想想便覺得可悲。

　　巴西80%以上的林木來自於不合法的採伐，這種採伐活動是過量、無秩序而沒有事後補植思想的，更有甚者，縱火將林區燒去，墾作大豆田或玉米田。雨林裡面的土地並不是想像裡的那般肥沃，過量的雨水將地表土的礦物質一遍又一遍地沖刷，帶到海裡，所豐富的不過是樹的陳枝舊葉朽爛而得的腐殖質而已，僅夠供應作物一兩年生長之需，一兩年後，這片土地就被荒廢了，卻不知還會不會長出前世裡夢一樣迷離美好的雨林來，即或能，又要多少個世紀？

🐾 生活在亞馬遜雨林中的三趾樹懶，坐擁著雨林裡茂密的樹葉，從不為吃發愁。牠們常常不勞而獲，長年待在樹上消磨時光。

美國最後的邊疆

阿拉斯加 >>>>

非去不可的理由 → →

　　阿拉斯加是一塊神秘、驚奇的大地，是美國最大的州，也是高山之鄉，擁有全世界最多的冰河、海岸、原野、天然資源和野生動物。熱愛野生動物的人可以在阿拉斯加大飽眼福。可能看見一隻大馴鹿在路上漫遊，可能巧遇一隻灰熊在遠處漫步，也可以在海岸邊觀賞鯨魚，而老鷹可能就在頭頂呼嘯而過。阿拉斯加的人、地和野生動物共同編織了一幅美麗的圖畫，來過阿拉斯加，你將發現世界本該如此。

　　可以為高緯度地區的美代言的是阿拉斯加。歐亞大陸和美洲大陸在這裡以盈盈一水相望，從太平洋來的魚兒鰭翼揮灑間就游進了北冰洋，嚴寒為這裡的山川湖泊獻上冰雪的素色盛裝，而大

地則把它驕傲地伸向北方和海洋，美利堅合眾國第49個州和最大州的邊界劃在這裡，西進運動最終的黃金句點也寫在這裡。

阿拉斯加有一個傲人的名字叫做「大地」，這是它的阿留申主人賦予的。這片土地上的原住居民有因紐特人、阿留申人和印第安人，他們熟練地使用標槍、捕魚船、編製美麗的毛毯，為自己樹立單一信仰的圖騰柱。在未被世界打擾的歲月裡，阿拉斯加有著最為溫馨的回憶，天似乎總在飄著雪，棕熊在這裡或那裡搜尋鮭魚，因紐特人帶著他的孩子們住在冰塊砌成的水晶房子裡面，嚴寒不對人們的生活造成壞影響，相反，活在阿拉斯加，他們什麼都不缺少。麥金利峰下生長著雲杉和鐵杉，來自加拿大多情的育空河水，結束它由南向北的行程，匯入海浪冷得徹骨的白令海峽，而克朗代克古城就矗立在那裡。

彼得大帝的一紙委任令，將阿拉斯加帶入了近代化的進程，丹麥人白令率領的俄國船隊從堪察加半島出發，在1728年7月16日抵達這個其歷史紀錄像當地的積雪一樣空白的地區。此番航行是具有空前意義的，歐洲人因此第一次在他們的地理筆記上記載道：「歐亞大陸和美洲大陸並非是毗連的，隔著一道寒冷的海峽。」

儘管這片海峽和海域都被冠以白令的名字，阿拉斯加也被正式的指認為俄羅斯的領地，然而，就像許許多多光榮

阿拉斯加傳說中的金黃讓人神往，如果你熱愛大自然，這裡必定是你的天堂。

INFORMATION ●●●●●

◎ **Location** ｜ **地理位置**

位於北美大陸西北端，東與加拿大接壤，另三面環北冰洋、白令海和北太平洋。按地理區劃可劃分為西南區、極北區、內陸區、中南區和東南區。

◎ **Climate** ｜ **氣候特徵**

東南部與中南部為溫帶氣候，全年氣溫約0～15℃；內陸為大陸型氣候，夏季極晝時可達26℃，冬季極夜時可達-15℃；西部與西南部受海洋影響，寒冷風大；北極圈內為極地氣候，氣溫全年處於零下。

◎ **Best Time** ｜ **旅遊時機**

北半球夏季或冬季。

1 look
極北區：
　　這裡是因紐特人的家園，也是出現極光和極畫的地區。傳統的因紐特生活、現代的石油科技，和大群的野生馴鹿交織成獨特的景象。

2 look
安克拉治：
　　阿拉斯加州最重要的城市，位於阿拉斯加州境中南部庫克灣頂端，是美國西北角通向各地的交通樞紐。

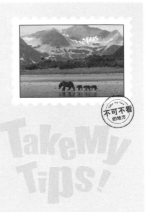

不可不看的地方

Take My Tips!

　　而悲哀的大航海家一樣，他患上重病死在那裡。在殖民開始的一段時間裡，俄羅斯獵人以其槍支輪艦恣意地獵殺海獺和鯨，以其傳染病和強迫勞動荼毒當地原住居民，皮毛生意一時風靡世界，於是西班牙人來了，英國人來了，法國人也來了。

　　阿拉斯加有個故事是人們所津津樂道的。那是在皮毛生意已經衰微的19世紀60年代，俄國人對於這塊當時看來已經沒有什麼油水可撈的領外土地厭倦了，時任美國聯邦國務卿的威廉‧亨利‧蘇厄德，在和俄政府進行了數次還價後，以720萬美金的價格為美國公民購得這塊土地，其中20萬是一個可以在夏季取冰的淡水湖的價格。平均算來，一英畝不到兩美分。然而，當時的美國人並沒有對此舉表現出應有的感激來，他們把阿拉斯加揶揄地稱做「Seward's Icebox」，這種情況一直到20餘年後阿拉斯加的黃金寶藏公諸於世。

　　淘金熱把美國人的欲望捧到了頂峰，不幸的是大多數被捧了下來，粉身碎骨，這裡

　阿拉斯加的布魯克斯河地區是北美棕熊最大的集結地，也是世界上棕熊集結最多的地區。一隻可愛的棕熊正在喝水。

面就包括聲名赫赫卻失業客死溫哥華的朱諾。在阿拉斯加，他的名字被用來命名一個又被叫做「黃金城」的城市，但這已經是他身後的功名了，克朗代克最燦爛的黃金與他的好運氣無關。《野性的呼喚》裡面，那隻最後與狼群為伍的狗固然是幸福的，然而那些從淘金陣線上潰敗下來的人呢？他們的家人們呢？沒有人知道，沒有人記下他們的故事。

二戰中，在阿留申群島上發生過一場日美之間的千里戰爭。美國為了補給前線的作戰部隊，工兵團在8個多月間修起了一條借道加拿大直抵菲爾班克斯的砂石公路。這條公路被沿用至今，成為聯繫阿拉斯加和其他諸州的公路。戰後，阿拉斯加被艾森豪正式宣佈為全美的第49個州。

在阿拉斯加，人們已經不太喜歡談論過去，雪季還是那樣適時地早早來臨，為眾山巒掩蓋其華美的愁容。在純藍的天空下，在午夜裡，是北極星和大熊星座最清晰可辨的時刻，阿拉斯加沒有苦痛的陰霾，沒有戰爭的陰霾，沒有迷失的陰霾。這裡是全美最後的邊疆，離它政治的心臟很遠，離它經濟的心臟很遠。

阿拉斯加境內冰川最集中的地區在阿拉斯加山區和沿海降水充沛地區。大多數冰川折射除藍色以外的所有顏色，所以冰川大都呈現深藍色。

Antarctica

從冰雪開始，從冰雪結束

南極 >>>>

非去不可的理由

南極是一個沒有人類文明歷史，沒有土著人居住的地方。到南極無需護照簽證的麻煩，但南極嚴寒的自然環境，要求你以自己的身體作健康護照。這是一片尚未被人類佔領的淨土，純淨的空氣、潔白的冰雪、可愛的生物，都還是人類到來之前的模樣。

在這個星球上為人們展現另一番世界景象的，是幽暗寂寞的洋底，是冰雪遍布難覓人蹤的南極。太平洋底最深的海溝誠然是難於到達的地方，然而南極卻並非拒人於千里之外，一張飛往布宜諾斯艾利斯或是雪梨的機票，就等於已經把你的半個身子和整個理想送入南極圈裡面了，不需要什麼護照。

物競天擇，適得酷寒者生存，這就是南極生物界的淘汰律。沒有欣欣向榮的草木，沒有逞爪牙之利的猛獸，有的只是可以在海洋和冰雪之間洄游棲臥的水生物和厚脂肪多絨毛的哺乳類。相對於有北極熊出沒的北極來說，南極更見和平，更適合一些行動不便、不具有攻擊性的小動物在這裡生活，如帝企鵝和頰帶企鵝。當然，這種環境也不是絕對安逸的，這裡也有捕食企鵝的海豹，那是另外一種大體積的、舉止笨拙的海生哺乳類動物。生態秩序就是如此微妙，當上帝欲使一個種群健康長久的存活時，必先造出它的敵人來，而要消滅一個物種時，則又從取締它的敵人開始。

寒冷一詞在南極的概念是不言而喻的，這是一種極度的、能夠讓你的大腦也凍得發抖的低溫。有人曾經拿一杯水灑向空中，而掉在地上的卻是冰，鋼鐵會凍得失去彈性而可以輕易地被掰斷，在這裡，要將一杯水燒開，則如在正常條件下把一塊鐵燒化那樣困難。最令聞者膽寒的還不是南極零下七八十度的低溫，而是極地風。這種要命的風，其速度甚至可以達到80公尺／秒，遠遠超過12級風暴的力量，可以把人活生生地吹走或是帶走大量的體熱，從而使人的身體在短時間裡被迅速凍結，曾經就有科考隊員被這種可怕的風奪去了生命，又有人將此稱做「殺人風」。

在南極表層積雪的下面，掩藏著萬丈的冰裂隙，這是單憑肉眼難以發現的，一旦摔下去就再也沒有生還的可能。在蓄養犬類還被允許的時候，許多極地犬就被訓練來對付這種情況，牠們以韁繩彼此相連後套起雪橇，遇到冰川的裂隙則由分在兩邊的狗將中間失落的同伴或是雪橇拉起，並等待救援。

然而南極給人的印象並不會因此變得恐怖，它有更多光怪陸離的事情是人們在其原先生活的地區遠遠接觸不到的。這裡是地磁和地理的南極所在，許多光的、電的、磁的自然物理現象都發生在這裡。「午夜陽光」的極晝自

INFORMATION

◎ Location | 地理位置

面積約1400萬平方公里，是世界第五大洲，98%的陸地常年被冰雪覆蓋，冰層的平均厚度約2000公尺。南極的淡水總儲量是地球的72%，如果南極的冰蓋全部融化，地球海平面將會平均升高60公尺。

◎ Climate | 氣候特徵

南極洲是地球上最冷的洲，平均溫度為-35℃，最低氣溫出現在7月。全年有1/3的時間是暴風雪天氣。

◎ Best Time | 旅遊時機

南半球夏季，12月至次年的2月。

不 可 不 看 的 地 方

1 look
＞＞ 中國中山站
建於1989年1月26日，位於東南極大陸拉斯曼丘陵，站區平均海拔高度11公尺，是調查極光活動的有利位置。

2 look
＞＞ 扎沃多夫斯基島：
世界上最大的企鵝棲息地。大約有200萬隻頰帶企鵝在島上生兒育女，牠們來這裡是有理由的，因為這是一座活火山。

然不消說，極哨和極光則是聽覺和視覺在南極的最大享受。極哨是一種自然無線電雜訊，來自於天空的閃電，閃電在某一半球發生後，脈衝沿著磁場線奔向相反半球的地極，其低頻部分被接受為短哨，短哨的回聲又在閃電發生的半球裡，被接受為高頻的長哨。這是一種離奇的太空音樂，其音階在一二秒間可以經歷八重變幻，空靈而幽遠，只可以在人為噪音稀少的極地區域才會被人耳捕捉到。

極光的出現則是由於一種規模宏大的電視顯像原理的作用，來自太陽的大股帶電粒子流，或稱太陽風，從外層太空猛烈衝向地球，在地磁的作用下，被帶到南極和北極，極地地區的高層稀薄大氣分子受到這種轟擊後，便產生了耀眼多彩的光芒。這種自

奇幻的極光飄搖地鋪陳在極地的夜空上，同腳下的冰雪大地相映生輝，形成人間最美麗的自然奇景。

❀南極大陸冰雪覆蓋，這裡是雪的世界、冰的王國。

然現象的能量級別是極大的，有記載的一次是在1859年，美國的電報員在未接通電流的情況下，借助極光的感應電流就將電報從波士頓拍到了荷蘭。

　　淡水是生命之源，而南極的冰川則是世界淡水的源泉。這裡以固體形態收藏著地球上72%的淡水資源，冰層在有些地方的厚度竟達幾公里。南極大陸原本土石海拔並不高，厚重的巨大冰蓋使其成為了世界上平均海拔最高的大洲，與此同時，也將南極洲向地球深處壓低了很多。南極大地之下，潛藏有許多礦物寶藏，煤、油、氣、有色金屬，也有人將南極的這些礦藏看作人類未來發展的第二梯隊資源，但是目前的國際法並不支持這種主張。是的，除了這一個南極，我們不會再有其他的南極了。失去南極，我們不如索性失去整個世界。

　　從冰雪開始，從冰雪結束，也許是人類對南極的景象描繪，但又何嘗不可以作為一種向人們的呼籲？我們從上帝那裡得到這片冰雪大地，也要把它無恙地交給自己的後代，讓這片大陸真正安然地從冰雪開始，從冰雪結束。

The Great Canyon

燃燒的亞利桑那

科羅拉多大峽谷 >>>

科羅拉多大峽谷全長446公里，谷底最深處約為1800公尺。大峽谷岩石是一幅地質畫卷，反映了不同時期的地殼變化。它在陽光的照耀下變幻著不同的顏色，魔幻般的色彩吸引了全世界無數旅遊者的目光。

在乾燥的亞利桑那，紅色的科羅拉多大峽谷更像是一道被點燃的火焰。

大峽谷國家公園的電影院裡有世界最大的銀幕，大峽谷的歷史和變遷在這裡被一幕一幕地上演。由於這裡的石質太過鬆軟，

耐不得湍急的科羅拉多河水百萬年間的沖刷，遂被磨蝕切割成今天全長400多公里，寬約20公里，平均深度約1500公尺的科羅拉多大峽谷。

　　科羅拉多大峽谷總面積接近3000平方公里，是世界上最大的峽谷之一。非身在高空，科羅拉多是不能被一覽無餘的。去峽谷覽勝的人也只能是身在峽谷，仰止峽谷。約翰‧繆爾遊大峽谷後寫道：「不管你走過多少路，看過多少名山大川，你都會覺得大峽谷彷彿只能存在於另一個世界，另一個星球。」

　　大峽谷兩岸都是壁立的紅色巨岩斷層，大自然將岩石鏤刻得嶙峋、層巒疊嶂，卓顯出無比的蒼勁壯麗。奇特的是，儘管這裡的土壤為褐土，但當它在陽光照耀下，岩石的色

彩依光線的強弱，時而為深藍色、時而為棕色、時而又為赤色，讓人莫辨其詳。此時的大峽谷，宛若繽紛仙境，亦真亦幻、亦夢亦醒。從峽谷的整個構成和色彩上來看，恐怕很難能有一位畫家將其描摹於筆端，呈於畫布之上。

　　繼約翰‧繆爾首次漂流科羅拉多大峽谷，無數探險家追隨著他的足跡在大峽谷裡遊戲險灘，笑傲浪尖，在這種運動裡面被詮釋的，是人們挑戰自我的冒險精神。

科羅拉多河馬蹄灣。全長446公里的科羅拉多河段從大峽谷的谷底流過，河水流動比較緩慢平靜，卻是塑造大峽谷地貌的主要力量。

INFORMATION ○○○○○

◎ Location　　｜地理位置

　　位於美國西部亞利桑那州西北部的凱巴布高原上，全長446公里，谷底最深處約為1800公尺，總面積2724平方公里。由於科羅拉多河穿流其中，故又名科羅拉多大峽谷，它被聯合國教科文組織選為受保護的天然遺產之一。

◎ Climate　　｜氣候特徵

　　峽谷兩壁及谷底氣候、景觀有很大的不同，南壁乾暖，植物稀少；北壁高於南壁，氣候寒濕，林木蒼翠；谷底則乾熱，呈一派荒漠景觀。

◎ Best Time　　｜旅遊時機

北半球春夏季節，5～9月。

Alps Mountains

讓呼吸停滯的風景

阿爾卑斯山脈 >>>>

非去不可的理由

　　阿爾卑斯山脈是歐洲最高大的山脈，位於歐洲南部。呈一弧形，東西延伸，長1200多公里，平均海拔3000公尺左右，最高峰白朗峰海拔4810公尺。山勢雄偉，風景幽美，許多高峰終年積雪。晶瑩的雪峰、濃密的樹林和清澈的山間流水，共同組成了阿爾卑斯山脈迷人的風光。歐洲許多大河都發源於此，水力資源豐富，為旅遊、度假、療養勝地。

　　阿爾卑斯山的美是毋需以言辭來杜撰的，因為這是來自造物之手的傑作，它在人類牙牙學語之先，就已經如此這般地存在了。歐洲整個的締造秩序是這樣的：上帝造了阿爾卑斯山脈，阿

爾卑斯山脈造出歐洲的河流和氣候，河流和氣候造出歐洲人，歐洲人造出它的城邦，城邦締結有組織的文明，這些有組織的文明以戰爭與和平的方式串聯後，奠定整個歐洲的精神風貌，從斯堪的那維亞到亞平寧，莫不如此。在拿破崙不可一世的時候，他曾說過自己比阿爾卑斯山脈還高的大話，然而這最終成了他對自己多舛命運的諷刺，阿爾卑斯卻聳峙依然。

在阿爾卑斯山脈，你永遠也分不清一件事情，即究竟是該先讓你的眼睛覽勝，還是先讓你的鼻子呼吸。因為去了阿爾卑斯山脈的人們，迫不及待地要去欣賞她的美，以至於你會認為這才是第一等重要的事情，為此可以不吃不喝不呼吸。

冰川地形是阿爾卑斯山脈的一大勝景，冰川對歐洲的建設意義是有歷史可循的。整個歐洲從地質模坯脫胎之後，冰川為之進行了第一手的整形工作，塑出河道，塑出山谷，塑出湖沼。在冬天裡的阿爾卑斯山脈，人們可以不費力氣地舉頭看見山巔上的積雪，在蔥翠的針葉林掩映下，透過陽光的照射，顯出熠熠的光彩。這裡是滑雪愛好者們最中意的寒假旅遊勝地，對他們而言，阿爾卑斯山脈的冬天就是他們最歡樂不過的季節。從高度陡峭的山坡上一溜而下，帶著從耳邊尖嘯而過的風聲，就彷彿在那樣一剎那間，我們明白世界上最積極的生存狀態並非是保守生命，而是放飛生命。

人間四月，春天降臨阿爾卑斯雪線以下的山地，為眾草木披帶上新生的芽胚和嬌豔的花冠，這樣的景致是為思念中的情人寫詩而生的，它們漫山遍野對著空曠的天穹毫無保留地展示自己，彷彿愛

不 可 不 看 的 地 方

 look
德國「阿爾卑斯之路」：
所謂「阿爾卑斯之路」是指德國歷史上形成的旅遊觀光的一條黃金路線。這裡有博登湖，有林德霍夫宮，有上演世界著名耶穌受難劇的上阿默高小鎮，有德國最高峰楚格峰，以及瓦爾興湖、古老的聖奎林修道院等。

 look
瑞士「阿爾卑斯之路」：
瑞士境內有48座海拔4000公尺以上的山峰。少女峰、雪朗峰、馬特洪峰、艾格爾峰，是美的化身，也是瑞士人的財富。座座雪峰如把利刃直插雲霄，皚皚白雪與燦爛的陽光交相輝映，在深藍色的天空下，顯得格外耀眼、聖潔和壯觀。

INFORMATION

◎ **Location** ｜ 地理位置

　　這條聳立在歐洲南部的著名山脈，西起法國東南部的尼斯附近地中海海岸，經義大利北部、瑞士南部、列支敦斯登、德國西南部，東止奧地利的維也納盆地。

◎ **Climate** ｜ 氣候特徵

　　中歐溫帶大陸性濕潤氣候和南歐亞熱帶夏乾氣候的分界線。同時它本身具有山地垂直氣候特徵。山地氣候冬涼夏暖，陽坡暖於陰坡。

◎ **Best Time** ｜ 旅遊時機

☀ 北半球的夏季或冬季。

※ 阿爾卑斯山上白雪皚皚，冰峰陡峭。

在這裡幾乎要流淌出來。阿爾卑斯山脈的牧者戴著隨意編織的花環，為人間牧放和平與寫意的羊群和鴿子，而一串美妙的歌聲就是對這個世界最大的祝福。

　　來到阿爾卑斯山脈避暑的人是幸福的，這並非是一種貌似幸福的幸福，而就是幸福本身，無法以一個人擁有的金錢數量籠統而定。當來自大西洋的風吹在山脈的北面，來自地中海的風吹在山的南面，阿爾卑斯山脈無疑正處在它一年最好的時光裡面。終歲忙碌之人的托詞很多，卻難得有人找個藉口讓自己停下來，來這一時節裡風景和氣候皆宜人的阿爾卑斯山脈。對著山坡上淺淺的陽光，你會發現自己腳下的大千世界不過是一場迷夢，縱你有幾多成就，可在夜幕降臨之後，又有哪盞華燈為你點亮，又有誰在長夜未央時為你守候？

　　美可以被以人性的方式感覺到，這是阿爾卑斯山脈的風景透露給每一個來這裡的人的資訊。拜倫在其早年遊歷歐洲的時候，對著阿爾卑斯山脈曾經慨歎這裡是「大自然的殿堂」；瓦格納在阿當小鎮採集創作靈感時也無不感言，稱這座歐洲的母親山脈為「阿爾卑斯狂想曲」。這裡的一草一木、一山一水無不帶著可以入詩入畫的靈性，以至於你的靈感被忽東忽西地帶去這裡或那裡，最後只好把阿爾卑斯山脈的美化成吉光片羽的印象。

　　在我下次登臨時候，阿爾卑斯山脈，請褫奪我的呼吸，賜我另外一雙可以窺得你人間妙境之一二的慧眼好了。

世界盡頭的冷酷仙境

冰島 >>>>

非去不可的理由 → →

冰島有「火山島」、「霧島」、「冰封的土地」、「冰與火之島」之稱，又被稱做「世界盡頭的冷酷仙境」。

如果我們要談論冰島而不事先為它取一個更好的名字，那麼這種談論就是盲目的，要知道冰島並非如其名字暗示的那般絕然冰封，這裡有廣為分布的火山和熔岩，也有地熱溫泉。如此情況，倒不如借《倚天屠龍記》裡的名目，喚做「冰火島」的好。這裡誠然是冰火兩重天的局面，又處在偏遠的北方極地，所以又有人稱之「世界盡頭的冷酷仙境」。

居住在冰島上的居民是古維京人的後裔，這是一個強悍又不失為有知識的民族。他們在大約10世紀的時候，帶著自己的語言來到這座島嶼上。在以後的文明發展進程裡，這種語言在橫向和縱向方面，都表現出異乎尋常的穩定性來。現今的島民可以無障礙地讀通撰自13世紀的古文獻，城裡人和鄉下人說著一樣的語言腔調。他們以自己古老又常新的詞彙為種種新生的科學事物命名，比如電腦一詞在他們的語言裡面包含有「數字」和「預言家」的意思，他們從不借用任何外來的語彙。

冰島人有個善良的小小信仰，或許來自希臘多神崇拜的傳

統，他們認為，這個島嶼上山石林木間藏著許許多多的小精靈。他們對此信仰是那樣的虔誠，以至於為它們設立了專門的崇拜和避諱禁忌。

雷克雅維克是冰島的首都，意為「冒煙的海灣」。據傳西元874年，被挪威國王流放的部落首領英格爾夫·阿納森率領自己的家族和奴隸，漫無目的地航行在茫茫大海上。在看見前方隱約的陸地時，他出於對上帝的信仰，將自己從挪威帶來的聖木拋下大海，然後順著木頭漂浮的方向，找到了一處冒著白煙的島嶼，他們歡天喜地地在那裡安頓下來，並做出了上述命名。可是，他們很快便發現，那在島上嫋嫋升騰的不是煙霧，而是溫泉冒出的蒸汽。

早在1928年，冰島人就為自己在雷克雅維克修建了地熱供熱系統。雷克雅維克的建築不像歐洲大陸上那樣建得高大出奇，而是風格婉約又設計別致的，被漆以紅紅綠綠的顏色，煞是好看。

冰川和火山，兩種截然相反的力量帶來了冰島多彩多姿的地

在藍色的天空與海洋間，冰島人建起了精巧別致的房子，與天空和大海相映成趣，彷彿童話中的世界。

不 可 不 看 的 地 方

1 look
雷克雅維克大教堂：

雷克雅維克大教堂位於市中心，全名叫哈爾格林姆斯教堂，以冰島著名文學家哈爾格林姆斯的名字命名，以紀念他對冰島文學的巨大貢獻。該教堂設計新穎，為管風琴結構，主廳30多米，可容納1200人。主塔高72公尺，可乘坐電梯上頂樓俯瞰首都全貌。

2 look
瓦特納冰川：

冰島最大的冰川，面積約8300平方公里，僅次於南極冰川和格陵蘭冰川，但它是世界上最大的、一般遊客不用進行專業訓練就可以遊覽的冰川。供遊客們選擇的遊覽項目很多，如滑雪、攀冰、駕駛或乘坐雪摩托。

質變化。瓦特納冰川是冰島最大的冰川，但這座大冰川卻有著近年來依然在活動中的火山，1966年和1998年有過兩次火山爆發，融化的冰川水流浩浩蕩蕩地流向無人定居的南部海岸。冰島的地質年齡還年輕，火山爆發形成的粗糙地表在這裡依然清晰可辨，並且曾被作為美國太空人登月訓練基地。在南部沿海有一座小島叫「色特塞」，它是在1963年的一次火山爆發中，從大西洋裡面一夜之間長出來的。冰島處在歐亞板塊和美洲板塊的交界處，而

冰島的瓦特納冰蓋，相當於冰島整個國土面積的1/12。這裡分布著大量熔岩流、火山口和熱湖，浮冰隨處可見。

作為一個國家，它正在被這兩大板塊越來越甚地分裂成兩半。試想很多年後，這裡會是什麼局面？也許這裡將成為大西洋的核心海域，而冰島一詞的前面怕是需要冠以或東或西的定語了吧？

　　來冰島值得做的事情有很多，但最值得做的是釣魚、觀鯨、看極光、泡溫泉、打高爾夫球。鮭魚和鱒魚是這裡最普通的魚類，也是經常被收之竿下的魚種。乘船觀鯨是在冰島的又一件快活事，沿著冰島的海岸航行，據說有98%的機率會看到鯨魚。北極光最常出現的地方要數冰島了吧，這種離奇而美麗的自然現象，帶給人的視覺享受是永生難忘的。這裡還有許多高爾夫球場，場地同其原有環境相得益彰，揮桿的同時，可以盡情領略詩情畫意的風景，而碰上午夜陽光的時候，可以連續作戰以盡興致。如果累了，就去雷克雅維克的溫泉盡情地泡上一番，不愉快的事情便會隨著疲乏都去了。

　　冰島向人們展現的是全然的休閒加新奇的景致，所以如果來冰島，就請一定釋然地來。在這片一半是冰水一半是火焰的國度，你會發現自己在冰島以外度過的每一天都是荒廢。唯有在這裡，你才知道自己已經到達世界盡頭，已經到達那冷酷的人間仙境。

冰島的大間歇泉是世界上著名的間歇泉之一，當它噴發時，熱氣彌漫，如煙似霧。

INFORMATION

◎ Location　　　　| 地理位置

　　冰島共和國，簡稱冰島。它位於歐洲的西北部，面積10.3萬平方公里，人口24.1萬，全部是斯堪的那維亞人。新教福音信義會是冰島的國教會，教徒占全國人口的97%。官方語言為冰島語。

◎ Climate　　　　| 氣候特徵

　　冰島是個島國，常年受海洋性氣候的影響，加上有暖流流經附近海域，所以「冬暖夏涼」。

◎ Best Time　　　| 旅遊時機

☀ 北半球夏季。

Great Rift Valley

地球最大的傷疤

東非大裂谷

非去不可的理由

　　東非大裂谷是地球上最長的裂谷帶，總長約6400公里，平均寬度為48～65公里，最寬處達200公里以上，在裂谷斷層的深處形成眾多湖泊。大裂谷綿延不絕，深不見底，沿途湖光山色相映成趣，其景致為世上絕無僅有。

　　如果非要把東非大裂谷比做地球上的一道傷疤的話，那麼，我們更願意說，那是一道美麗絕倫的傷疤。從贊比西河口，經東非高原，一直到紅海附近，那樣的力量、那樣的尺度，造物何其完美的一刀，使得原本孤高單調的東非高原，出現錯落有致的層次。原始的叢莽樹林在千溝萬壑的懷抱間忘情地生長，大小不等的湖泊倒映著聳峻的奇峰怪石，座座火山點綴其間，又為這裡渲

染出莫名的詭祕氣息。沒有東非大裂谷，整個非洲的魅力都要遜色一半，這樣講似乎不為過。

這條大裂谷是如何形成的呢？據現有接受程度較高的一種理論解釋，約在3000萬年以前發生過強烈的地殼運動，使得和阿拉伯古陸塊相分離的大陸漂移運動，從而形成了這個裂谷。那時候，這一地區的地殼處在大運動時期，整個區域出現抬升現象，地殼下面的物質上升分流，產生巨大的張力，正是在這種張力的作用之下，地殼發生大斷裂，從而形成裂谷。由於抬升運動不斷進行，地殼的斷裂不斷產生，地下熔岩不斷湧出，漸漸形成了高大的熔岩高原。高原上的火山則變成挺拔獨立的山峰，而斷裂的下陷地帶則成為大裂谷的谷底。

谷底的湖泊是一系列的，彼此往往不是絕然地割裂開來，而以狹窄的水道彼此相連，這就使整個谷底湖泊群顯出珠聯璧合的美來，感受起來彷彿像一條水量充沛的大河在那裡因形就勢地流淌。維多利亞湖是非洲最大的湖泊；坦噶尼

東非大裂谷是人類的發源地之一，尚武的馬賽人至今生活在這裡，構成了大裂谷的一道風景線。

不 可 不 看 的 地 方

1 look
基伍湖：
湖區面積2600多平方公里，平均深度240公尺，最深處488公尺。基伍湖四周群山環抱，滿山林木蔥郁，湖岸陡峻曲折，湖中島嶼眾多，氣候涼爽、環境幽雅，是非洲著名的旅遊休養勝地。另外，基伍湖底蘊藏著大量的可以燃燒的沼氣。

2 look
尼拉貢戈火山：
這座火山海拔只有3千多公尺，火山上空終年籠罩著濃煙，方圓幾十公里都可聞到刺鼻的硫黃氣味，火山口裡有一個充滿高溫熔岩的岩漿湖，湖中岩漿紅如鋼水，時而熱浪翻滾、火光沖天，時而轟鳴大作、響徹雲霄，可謂為世上少有的奇觀。

INFORMATION ○○○○○

◎ **Location** | 地理位置

位於非洲東部，南起贊比西河口一帶，向北經希雷河谷至馬拉維湖（尼亞薩湖）北部後分為東西兩支：東支裂谷帶沿維多利亞湖東側，向北經坦尚尼亞、肯亞中部，穿過埃塞俄比亞高原入紅海，再由紅海向西北方向延伸抵約旦谷地，全長約6400公里。西支裂谷帶大致沿維多利亞湖西側由南向北穿過坦噶尼喀湖、基伍湖等一串湖泊，向北逐漸消失，規模比較小。

◎ **Climate** | 氣候特徵

熱帶高地，雨量充沛，氣溫涼爽。

◎ **Best Time** | 旅遊時機

☀ 一年四季。

喀湖是世界上僅次於貝加爾湖的第二深的湖泊；基伍湖是可以被點燃的火湖；瓦納沙湖是裂谷裡面最高的湖泊，海拔1900公尺；納庫魯湖是鳥類棲息的天堂；馬加迪湖是有名的天然鹹湖；圖爾卡納湖是人類最早的發源地，這裡出土過人類遠祖的骨骸。這一系列的湖泊像一個個巨大的蓄水池，收藏著從東非高原的高處彙聚到此間的降水。

由於地處熱帶，濕熱的氣候使得大裂谷草木繁茂、野生動物眾多。大象、河馬、非洲獅、犀牛、羚羊、胡狼、禿鷲在這裡隨

❀ 非洲大羚羊毛色美麗，是世界上最珍稀的羚羊。但是非洲大羚羊慘遭人類大量捕殺，最後一隻野生非洲大羚羊已於1994年在肯亞山死去。

處可見。在納庫魯湖棲息著400多種鳥類，其中有被譽為擁有世界上最漂亮羽類的火烈鳥群，牠們盤旋在湖面上夕陽下，形成一片蔚為壯觀的紅翅膀晚霞。原始森林在遠方的暮色裡漸成黛青的顏色，水面上留著殘陽和未及抹去的粼粼波光。在大裂谷的山坡上長著許許多多仙人掌科的植物，它們帶著刺，偏偏又開著茁壯的、不易凋謝的鮮豔花朵，表現出倔強的美來。這些地區多已

經被劃為國家公園而受到特別的保護。

　　有人說，東非大裂谷會一如既往地擴張下去，最終在這裡形成另外一個大西洋，並且順勢分娩出世界上的第八大洲來。這樣的推測對於目前大裂谷的狀態來說，未免過於大膽，因為以我們非常短暫的生命思維來講，我們無法想像這樣一塊伊甸園在未來會被埋沒在滄海的波濤之中，即使有證據我們也不願意去相信。

　　所以，收拾你的行囊，向著東非大裂谷啟程吧，在那條巨大的傷疤上，確認我們同地球母親的血脈之親！

🌸 裂谷底部散佈著一系列明珠般的湖泊。它們各有千秋，其中圖爾卡納湖更被認為是人類最早的發源地之一。

Angel Fall

飛騰的蛟龍

安赫爾瀑布 >>>>

安赫爾瀑布是一個多級瀑布。第一級由山頂直瀉至一結晶岩平台，落差807公尺；接著又下跌172公尺，直至丘倫河谷地。近看瀑布勢如飛虹，遠眺其柔美又如月籠輕紗。每當晨昏之際，雲霧彌漫崖頂，只見瀑布從懸崖上飛瀉直下，宛如一條英姿勃勃的銀龍從天而降，發出隆隆的雷鳴聲。

安赫爾瀑布，在委內瑞拉，落差979公尺，世界第一。

委內瑞拉地勢參差，山水激盪。在海拔落差較大的地區，河流便由上飛流而下，形成許許多多的瀑布，委內瑞拉便也因此得了「瀑布之鄉」的美稱，其諸多瀑布中的佼佼者，便是世界第一落差的安赫爾瀑布。

安赫爾瀑布（又依字義譯為「天使瀑布」），位於委納瑞拉東南部卡羅尼河支流卡勞河源流丘倫河上，周邊是叢林密布的深谷幽壑。由於地勢險峻，這裡很少有人來。在1935年西班牙人卡多納發現它以前，只有當地的印第安人知道它的位置，他們稱呼這條瀑布叫「出龍」。

儘管關於這道瀑布的名字有很多版本，但有一點是基本可以確定的，即安赫爾是一個美國飛行員的名字。一種說法是：安赫爾是一個背信食言的夥計，他置同伴的約定於不顧，自己駕機飛往黃金溪流，結果在山谷間的瀑布處失事，機毀人亡；另一種說法是：安赫爾是淘金老人的搭檔，只是他和老人之間有著明確的分工，他只能在離溪流遠遠的地方等候接應老人的勞動成果。在老人去世後，他多次駕機想要找到那條溪流卻每每不得，結果在無意間發現了這條落差極大的瀑布。他最終死在巴拿馬，人們將他的骨灰葬進了這道瀑布，並把瀑布命名為「安赫爾」。

安赫爾瀑布並非是一瀉到底的，而是分為兩級。第一級由山頂直瀉至一結晶岩平台，落差807公尺；接著又下跌172公尺，直至丘倫河谷地。從近處觀看瀑布，聲勢如雷，迅若閃電，目不暇給間其流水自頂部落下，訇然令人膽慄；遠眺瀑布，則得另一番輕柔妙境，其水霧多離聚飛散，若縹緲月華，又若星漢之輝，縱極目窮望，萬景終猶籠上一層薄紗。此番景象，誠袁枚所況之「二十丈以內是水，二十丈以

✿ 安赫爾瀑布的瀑布流十分瘦削，但979公尺的落差足以使它名列世界瀑布高度之首。

不 可 不 看 的 地 方

look
1

卡約德阿瓜：
　　在委內瑞拉以北136公里處的洛斯羅克斯群島上。卡約德阿瓜是一個由42塊暗礁組成的人跡罕至的孤島，只有螃蟹、鵜鶘在這裡棲息。這裡是加勒比一帶最適合潛水的地方。

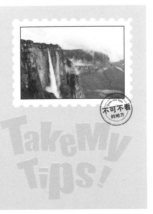

不可不看的地方

Take My Tips!

INFORMATION

　瀑布於高山峭壁之間凌空飛垂，珠飛玉濺，雲霧蒸騰，壯麗之外又添幾分肅穆之美。

上非水，盡化為煙，為霧，為楊柳花，為珠屑，為玉塵，為琉璃絲」，或「遠觀而濡其首，或逼視而衣無沾」。

　　每當晨昏之際，雲霧彌漫崖頂，只見瀑布從懸崖上飛瀉直下，宛如一條英姿勃發的銀龍從天而降，發出隆隆的鳴吼。飛流直下，勢如破竹，義無反顧而不及惜身，終濺得一山谷珠飛玉散，鼎破璧碎，真乃「熊咆龍吟殷岩泉，栗深林兮驚層巔」之景象。

　　若得陽光照射，便會在輕柔若夢的水霧上，顯出淡淡的彩虹的影子來，彷彿那李家三兒正在舞動的混天綢，在引逗那咆哮騰躍不止的小白龍。兩旁藤纏葛繞的參天古木和嶙峋的山石，使瀑布水勢更顯得磅礴壯觀。

　　由於地形險峻的原因，為叢林和山谷掩映的安赫爾瀑布至今依然少有人至，那道寂寞的水流已經在岩壑絕壁之間跌落了千年不止，那種恣意鳴放的聲音卻難得為外人所聽到，這是安赫爾瀑布的悲哀和驕傲，它太有名望又太不被人仰止，真是矛盾啊。

　　觀賞安赫爾瀑布，因沒有陸路可以通行，所以遊客可以乘遊艇逆卡羅尼河而上，飽覽這裡的自然風光；也可以乘飛機觀賞瀑布神奇的雄姿。飛機在峽谷中盤旋穿行，頗似進入了「探險」的境地，因此，凡是坐飛機流覽瀑布的人，都可以得到一張特製的「勇敢的探險者」證書。

Chapter 05

∴朝聖地

The Great Pyramids

黃沙上建造永恆

大金字塔 >>>>

金字塔的美是不同於視覺衝擊強烈的現代建築的，這也是滄桑之美和堂皇之美的顯著區別，一個要用心體會，一個要用眼欣賞，看古跡，如飲醇酒，需慢慢品味蘊含的醇香。在藝術和文明上，持久性要比獨特性更為重要，集中的、瞬間的價值注定要被永久性所超越，這種持久性乃是文明和藝術得以延續的一大標準，從中產生出神秘感和磁力來。

古代世界有七大奇跡，隨著歲月的流逝，有的倒塌了，有的消失了，只有金字塔巋然傲立，伴隨著「木乃伊之謎」、「金字塔結構之謎」、「法老的詛咒之謎」等一直未解的謎團存在著。

難怪埃及有句諺語說：「人類懼怕時間，而時間懼怕金字塔。」看到金字塔，彷彿抓住了文明的精髓和埃及的精神，那絕不是搖曳的枝葉，而是靜默的根系，是埃及的根——深邃的靈魂、廣博的胸懷、積澱與新生的更迭。沿著文明的印跡去探尋現代人的根，今天仍能感受到埃及人性格和氣質上所攜帶的傳統影子，歷史固然有過中斷，但文化的腳步並未停歇。

一個古王朝和無數生命真實地來過、走過，這些見證了他們生存和離去的古跡能留到今天，是多麼珍貴和難得，能親眼一睹真實的它們，對我們已經足夠了。無際的戈壁曠野上，粗糙的巨石羅列疊加成簡單的造型，結實地坐在大地上。幾個堅固的龐然大物，用它的尖頂呼應著蒼天，威猛跋扈，巍然屹立，神聖強悍。雖然幾千年過去了，它仍然儲存著古人的智慧和驕傲，帶著歷史的滄桑和重量，凝聚了一段逝去歲月的繁榮，不愧為千古絕唱！

遠古的精品打造就是這樣的，這古老的人類奇跡，確實無與倫比！把其他單薄扭捏的小東西都比沒了、淹沒了、震懾了。幾千年後我們和我們沒見過面的子子孫孫早已灰飛煙滅，這金字塔也許還安然無恙，照例被後人崇拜著、瞻仰著。彷彿古埃及法老和這金色巨塔的建造者們的靈魂不散，乘上了太陽之船，在冥

夜色中的金字塔，龐大而神秘，不禁讓人產生真有外星人光臨過此處的聯想。

INFORMATION ○○○○○

◎ Location ｜ 地理位置

位於埃及首都開羅附近的吉薩。這一地區有3座較大的金字塔，分別是古夫金字塔（也叫大金字塔）、哈夫拉金字塔和孟卡拉金字塔，其中又以古夫金字塔最為著名，它是吉薩金字塔群中規模最大、保存最好，也是建築成就最高的一座。

◎ Climate ｜ 氣候特徵

埃及金字塔位於撒哈拉大沙漠東部的吉薩高原，屬熱帶沙漠—地中海型氣候的過渡帶，但氣候特徵明顯偏向於熱帶沙漠氣候，這裡夏季氣候乾熱，冬季氣候涼爽，終年乾旱少雨。

◎ Best Time ｜ 旅遊時機

10月到第二年的2月左右，這一時期氣候不太炎熱。

金字塔巍然聳立著，彷彿在向人類訴說著無盡的滄桑。

界、在陽間，由西向東周而復始地航行著。

大金字塔群造於約4500多年以前，是古埃及第四朝代法老古夫以及他的兒子和孫子的陵墓。站在高坡，一眼望去，古夫的金字塔最高最大，兒子的次之，孫子的最小。當我們遠眺金字塔，阿拉伯的駱駝隊過來了，此時一片黃沙土，一排金字塔群，一隊緩緩前行的駱駝隊，這個場景真是有如阿拉伯的掛毯一樣美麗。

四五千年前的古埃及人修建了這樣一座宏偉建築，同時期的各國卻仍在石器時代摸索工具。金字塔工程浩大、結構精密，且建造涉及測量學、天文學、力學、物理學和數學、甚至人力資源學、會計學等各領域。幾千年前人類的智慧我們無從破解，就算以今天的工程技術複製，也絕非易事。其計算的精確讓現代人都百思不得其解。比如金字塔底座的4個角，準確地指向正東、正南、正西、正北，誤差只有十幾釐米。最大的古夫金字塔現高約136.5公尺，占地5.29萬平方公尺，單就使用的材料，大約230萬塊石塊，平均每塊石塊的重量為2.5～15噸。據考證，大約有10萬人用了30年的時間才完成了這個浩大的工程。難以想像的是，在那

遠古沒有任何機械的年代，古代的埃及人是怎麼搬運這些石塊建造金字塔的呢？在4000多年前生產工具還很落後的中古時代，埃及人是怎樣採集、搬運數量如此之多，每塊又如此之重的巨石，疊成如此宏偉的大金字塔？它留給我們太多的謎團去探索。

大金字塔一矗立就是4500多年，見證了歷史興衰、風雲變幻，經歷了風沙侵蝕、戰爭年代；抵制著塵世的蠱惑與貧乏，追求著自身的簡單和豐富。而人呢，生命光陰幾十年，不過是它的睜眼閉眼間，芸芸眾生宛若它腳下的一粒沙子、一棵草芥，渺小、單薄又脆弱……

位於吉薩的大金字塔裝飾了遊人的眼簾，而遊人則裝飾了法老的夢。仰望古夫金字塔，邊稜乾淨俐落，頂部直指太陽，讓人睜不開眼，只有白雲在半坡上殷勤地襯托。尖錐形金字塔是金字塔最完美的形式，象徵著山巔，也象徵著太陽光芒，直插雲霄，鄙視大漠，顯示了法老的無限權威，給人以不可動搖的感覺。

同樣成為埃及象徵的獅身人面像，是吉薩另一個吸引遊人的地方。古埃及人崇拜獅子，他們認為獅子是力量的化身。獅身加上法老的頭像，則是智慧加力量的象徵，同時這種奇特的形象，也符合了古埃及人認為法老既是神又是人的觀點。這座獅身人面像，長73公尺，高20公尺，坐西朝東，忠於職守地蹲坐於哈夫拉金字塔前，建造時間約在西元前2500年，歷經風雨磨難的它雖傷痕累累，可沉默地仰視著這遠古的巨人，依然猶如仰視心中至高的神！一切都淡去了，只有神永恆著。

刻滿歲月風霜痕跡的獅身人面像，經歷了幾千年風雨仍巍然兀立，守衛著法老的秘密。

Athens Acropolis

光榮屬於希臘

雅典衛城

非去不可的理由 → →

　　雅典衛城經過悠久的歲月至今仍不失其價值，因而更值得讚美。每座建築物是那樣光彩奪目，讓人感到這些建築好像自古就挺立在那裡。這些神廟充滿著一種對生活的信念，至今它們仍英姿煥發，簡直像剛用大理石雕出來似的。

　　在人類歷史上，希臘曾是整個世界思考的中心：西方哲學、民主政治、奧林匹克、《荷馬史詩》……每一個名詞都牽動著人類的靈魂深處。而雅典的衛城，希臘的眼睛，則是塵世間每一個旅行者精神與理想的棲息地。

　　穿過布拉卡區的大片希臘特色民房，就到了著名的衛城山。

從遠處眺望衛城，白色的大理石廊柱在藍天的襯托下分外明亮，猶如典雅聖潔的女神手擎火炬默默地守護著她的子民。

它背向山下的平民住宅，向海的一面峭壁陡立。深吸一口氣，衛城就在面前，觸手可及，拾階而上的腳步自然變得小心翼翼，唯恐一不小心，驚擾了沉睡千年的眾神。

　　來到雅典，無論你從哪個方向，在城市的任何一個地方抬頭仰望，都可以看見巍峨壯麗的雅典衛城，它代表著一種信仰、一種文明。很難描述第一眼看到衛城的複雜心情，昔日的壯觀華美，如今只餘斷壁殘垣。帕德嫩神廟廟頂屋蓋無存，內裡空空如也，地面到處坑坑窪窪，牆根躺著坍塌的牆石殘柱。亂石嶙峋間唯有那幾根大理石柱依然擎天而立，依稀可見當年的輝煌，卻也

不 可 不 看 的 地 方

1 look
衛城山門：
位於衛城西端陡坡上，是衛城的入口，多立克柱式和愛奧尼柱式列柱巧妙地穿插並列，氣勢雄偉。

2 look
帕德嫩神廟：
又稱雅典娜神廟，是雅典衛城的主體建築，坐落在山的最高處，在雅典的任何一處都可望見，它是古希臘建築藝術的紀念碑，代表了古希臘建築藝術的最高成就，被稱為「神廟中的神廟」。

INFORMATION ○○○○○

◎ Location | 地理位置

雅典衛城遺址位於雅典城西南，建造在海拔150公尺的石灰岩山岡上。山岡面積約為4平方公里，山頂石灰石裸露，大致平坦，高於四周平地70～80公尺。

◎ Climate | 氣候特徵

雅典的氣候溫和宜人，受地中海型氣候影響，夏季少雨，陽光充足，空氣清新。

◎ Best Time | 旅遊時機

☀ 4～6月以及9～11月。

雅典衛城北面的伊瑞克提翁神廟，為希臘建築家菲狄亞斯等人所建，以其中的女像柱廊聞名於世。

盡是往日煙塵了。

然而，眼前的種種殘損破舊卻絲毫不帶淒涼之意，反倒讓人無端生出些許眷戀。坐在神殿的石柱下，日光從迤邐的雲朵中照射下來，微風吹過廊柱，彷彿歡快的手指撥動著豎琴琴弦，懸崖下浩瀚的愛琴海一片澄藍，波光粼粼，衛城籠著幾分神秘安詳之美，讓人不由得閉上眼睛沉思，於是，大悲劇家埃斯庫羅斯、大喜劇家阿里斯托芬、大哲學家蘇格拉底、柏拉圖、亞里斯多德，大歷史學家希羅多德，他們彷彿在一個一個向我們走來……這個被譽為「希臘的眼睛」的城市。它的歷史、它的雄偉壯觀，牽動著每一個旅行者的心。

不過每天伴著世界上最豐厚的遺產而居，雅典人卻不露半點驕橫之態，活得淡定閒散、從容不迫。大街小巷到處可以聽到悠揚的琴聲和隨意的吟唱，海邊悠然伸著一排排釣魚竿，沒有收穫固然毫不在意，有魚兒上鉤也只是淡淡一笑，活脫脫應了那句

話：「不以物喜，不以已悲。」

夜深時，喧鬧的城市安靜下來，雅典已然入睡。

海和天造就了雅典，而雅典的文化精髓集中在雅典衛城的帕德嫩神廟，它是希臘人追求理性美的極致表現，處處都是按黃金分割比例造成的建築傑作，是古希臘建築學、數學和美學的精品之作。雅典娜女神把橄欖送給了雅典，而雅典也把榮譽還給了女神。這裡是西方文明的起源地，這裡是和平健康的象徵，這裡還是世界不滅的焦點。看著雅典無數璀璨耀目的藝術品，你不得不相信，智慧女神一直在庇佑著雅典。

只要走入希臘古文明世界，無關藝術修養，也不一定非得博學多聞，自然能感應一種不尋常的迷人氣息，這必定是希臘老祖宗們蘊藏千年之久的神秘魔力。

帕德嫩神廟最令人稱道的地方在於它對「黃金分割」的絕妙運用。不僅如此，帕德嫩神廟還打破了過去希臘神廟正立面6根柱子的傳統習慣，大膽地採用了8根多立克柱。

Jerusalem

承載靈魂的聖都

耶路撒冷 >>>>

非去不可的理由

黃昏時分是耶路撒冷最美的時候，整個城市彌漫著金黃色的光澤，明亮而美麗。也許，這才是層層宗教歷史悲情之下，古城耶路撒冷的本來面目。

如果說世界上有個信仰的集中地，一定有許多人贊成那就是耶路撒冷。猶太教說，這是上帝賜給他們的土地；基督教說，這是耶穌誕生、傳教、犧牲、復活的地方；伊斯蘭教說，這是穆罕默德聆聽真主阿拉祝福和啟示的聖城。身為三大宗教共同的「聖城」，各種民族與文化編織出特有的城市韻味，如果世界有十分美的話，那麼九分便在耶路撒冷。

在耶路撒冷，每走一步都是歷史，三大宗教的烙印深深地打在城中每一個角落，凡是《舊約》、《新約》中記載的地名、人名、事件，在這裡都能找到對應。走在這樣的街道上，恍惚間往往不知身在何處，每一個曲折轉彎處、每一扇小門開合間，也許就把你帶進了記憶中只在書上讀過的故事。「悲哀之路」，也叫「苦路」，是一條長長的崎嶇小路，在這條彎彎曲曲的小路上，耶穌背負著十字架遊街示眾，走向刑場，其間經歷14件事，因而苦路也有14站。無須任何修飾，沿著這條苦路走上一遭，追念耶穌所受的種種苦難，就是基督徒最虔誠的朝聖旅程。

要說目睹了最多悲愴的，當屬哭牆——這段牆壁承載了猶太民族千百年來的悲慟與希冀。頭戴高帽的老者，背誦著經文，反復用手撫摩著同樣滄桑的牆面，哭泣著把寄給上帝的密信塞入牆壁石縫間，而哭牆則是通達天國的郵局。

聞名世界的圓頂清真寺頻頻被攝入鏡頭中，因為不論從任何角度遠眺，都能夠看見真金箔貼成的圓形寺頂上閃爍的金光，熠熠生輝。傳說中，先知穆罕默德就是由此處飛升上天接受上天啟示的。

※ 正午時分，虔誠的信徒們正在坦普爾山的阿克薩清真寺進行祈禱。

INFORMATION ○○○○

◎ Location ｜地理位置

位於亞非交接處，地中海東岸猶地亞山區頂部，海拔790公尺。是古代宗教活動中心之一。

◎ Climate ｜氣候特徵

屬地中海型氣候，1月最冷時平均氣溫為12℃，7～8月最熱平均氣溫為29℃。

◎ Best Time ｜旅遊時機

☀ 4～10月。

上帝與我同在

梵蒂岡

非去不可的理由 → →

　　梵蒂岡的氣質是藝術在歷史的長河中經過無數次洗禮、無數次沉澱才成就的。每個人都可以把梵蒂岡當成一本書來讀，一本超越政治、利益、金錢的人類文明藝術史的教科書。這裡的每一件藝術品洗去了幾百年人世浮沉的傷痕，洗去了俗世榮辱的塵囂，在其中走上一遭宛如經歷了一次純美的朝聖之旅。

　　梵蒂岡將一個宗教的神奇演繹得淋漓盡致，幾乎沒人能抗拒梵蒂岡的魅力。位於羅馬城西北角，這片只有0.44平方公里的土地，壯觀的梵蒂岡建築群錯落有致。這裡就是世界上最小的國家

梵蒂岡，卻是全球8億多天主教徒的信仰中心。除去本身的輝煌史跡，這裡陳列了太多的藝術巨作，令人心馳神往。

梵蒂岡與義大利之間沒有明顯的國界，聖彼得廣場前面有一條灰石鋪成的國界線，其他地方則以城牆為界，人員可以自由來往，但遊人只能參觀聖彼得廣場、聖彼得大教堂、博物館和西斯汀禮拜堂。要到教皇宮則必須持特殊證件才可進去。

乍進入這藝術的寶庫，剎那間彷彿回到了中古世紀的時空，任你是泰山崩於前而不變色的人，也難免恍惚。你可以不懂藝術，也可以不懂建築，但是一定要記住幾個如雷貫耳的人名——貝尼尼、米開朗基羅、拉斐爾、羅丹、康丁斯基、達利……這一個個平時只能仰視的名字忽然成了眼前真實的存在，密密地在你身邊織起了一道網，網住你的眼睛和你的心。

來到梵蒂岡，你不能不去的地方之一是聖彼得廣場。聖彼得廣場兩側由兩組古典而凝重的環形柱廊環抱，好似兩隻伸開的巨大手臂，保衛著聖彼得廣場，讓人覺得渺小之時，又慶幸獲得了一種精神上的保護。巴洛克藝術代表貝尼尼，這是一個富有樂感的名字，聖彼得廣場上的方尖碑、噴泉、柱廊上的天使雕像……每一個細節都是貝尼尼譜寫的音符，無論站在廣場的哪一個方位，人們都能感受到音樂般的魅力。他也總是將自己智慧和心靈中最美好的東西獻給自己信仰的宗教。教堂內那頂祭壇上的青銅華蓋足有5層樓高，處處精雕細琢；那張聖彼得的鍍金青銅寶座，

不 可 不 看 的 地 方

look
聖彼得廣場：
　　被稱為世界上最對稱、最壯麗的廣場，是17世紀著名建築大師貝尼尼花了11年時間建成的傑作。廣場呈橢圓形，長340公尺，寬240公尺，兩側由半圓形大理石柱廊環抱。

look
梵蒂岡博物館：
　　位於聖彼得教堂北面，占地約5.5萬平方公尺，建於西元5世紀末，彙集了希臘、羅馬的古代遺物以及文藝復興時期的藝術精華，收藏有文藝復興時期三大藝術大師之一的拉斐爾藝術珍品以及其他名家的原作，均屬無價之寶。

Take My Tips!

INFORMATION ●●●●●

◎ Location　　　　　│ 地理位置

位於義大利首都羅馬西北角，瀕臺
伯河。

◎ Climate　　　　　│ 氣候特徵

屬亞熱帶地中海型氣候。夏季炎熱
乾燥；冬季溫和多雨。

◎ Best Time　　　　│ 旅遊時機

☀ 4～6月以及9～11月。

看來聖彼得坐得挺舒服，雙腳都被人摸得面目全非了，也絲毫沒
有站起來走走的意思。

「我愛聖彼得大教堂，它是地球最美的裝飾品。」愛默生如
是說。聖彼得大教堂前後建了120年，共經歷了12位文藝復興與巴
洛克時期建築大師之手，參與壁畫、雕塑等創作的藝術大師更是
不計其數。他們都樂於為自己所信仰的宗教奉獻心血，梵蒂岡簡
直成了他們競技的迷人舞台。從中門進入大廳，一種神秘、莊嚴

✸ 世界上最大的教
堂——聖彼得大教
堂。

的氣氛隨之而來，所有人都用一種肅然的目光環視，連腳步也變得輕盈。廳內天花板和周圍內牆上，都是以《聖經》為題材的壁畫和浮雕。走到教堂中央，仰頭旋轉，陽光從那象徵著宇宙蒼穹的大穹頂四周揮灑下來，把銅製的中心祭壇照得金光燦爛，絢麗奪目。

教堂內部陳列了大量中世紀與文藝復興時期的雕塑珍品，最引人注目的是《哀悼基督》的白色大理石雕塑。聖母瑪利亞右手橫抱從十字架上取下的耶穌，左手微微伸開，低頭望著兒子，神情流露出無限的憐愛和悲傷，讓人不禁為此動容。

登上聖彼得大教堂圓頂，梵蒂岡街景盡收眼底的剎那，猶如在湖中投下了一枚石子，心中被遺忘很久的幸福和感動，悠悠如浪花般擴散開去。第一次，為身為萬物之靈的人類而深感驕傲。面對藝術本身，品味隱含其中的歷史情緒時，無論是誰都會浮想聯翩。

梵蒂岡博物館是世界上博物館中最早的，西元5世紀末就有了雛形，西斯汀禮拜堂和拉斐爾畫室是梵蒂岡博物館的鎮館之寶。那流光溢彩的壁畫《創世紀》，其中《創造亞當》猶如夜晚的北斗星一樣格外耀眼。難怪歌德評論說：「沒有到過西斯汀禮拜堂的人，無法瞭解一個人所能做的事。」

✿ 聖彼得廣場中央矗立著一座聳入雲霄的方尖石碑，碑尖上是釘死耶穌的十字架造型。此碑的石料來自埃及，卻顯耀著梵蒂岡的光輝和尊嚴。

Colosseum

迴盪千年的歡呼

羅馬競技場

非去不可的理由

羅馬以古城聞名於世，它既是古羅馬帝國的發祥地，又是文藝復興時期的藝術寶庫。來到這裡，就像走進了一座規模巨大的露天博物館。從功能、規模、技術和藝術風格各方面看，羅馬城裡的羅馬競技場都是古羅馬建築的代表作之一。

「什麼時候有了羅馬競技場，什麼時候就有了羅馬，什麼時候羅馬競技場被毀了，什麼時候羅馬就滅亡了。」在人們心目中，羅馬競技場早已成了羅馬和羅馬帝國精神和文化的象徵，詮釋著曾經崛起、日益強大、挾帶腥風血雨威風了幾百年的所謂西

方文明。而如今，時光已逝，歲月變遷，穿過漫長的時間隧道，羅馬帝國的偉大和輝煌都已煙消雲散，在歷史中沉埋。羅馬競技場如同一個見證者一樣，歷經風雨近兩千年而不倒，雖然外形有些殘破，像一位年邁的老者，但它的形象，它的神韻、它的風采依然，默然地傳遞和延承著羅馬的政治、文化和思想的訊息。

在羅馬競技場中漫步，暢懷歷史與現實，觸摸古物所帶來的震撼，立在這裡，似乎可以在時空的影子裡，看到歷史在一起一落、一喜一憂之間，演繹出人性的不朽傳奇。風雨千年之後，這裡不再有競技，不再有人和動物的災難，也不再有觀賞者手舞足蹈的興奮，一切是那樣自然而安靜，連一隻麻雀都可以在這裡自由而輕盈地飛翔。

但我們卻不能，心情有些沉重，思想有些壓抑，說不清是走向一座廢墟，一個古建築，還是走向一段歷史，一段有過繽紛色彩的歷史，一段雖然衰敗但張揚西方現代理性的歷史。當時，成為一大片土地征服者的羅馬人，要享受勝利者的生活，於是，俘虜、死刑犯或不服從的奴隸成了相互搏殺的角鬥士，也成了貴族們娛樂的休閒。這種有失人間正道的鬥獸表演一直延續到西元523年。人們應當記住德奧里科皇帝，他也許算不得著名的皇帝，但在他的統治時期，人性終於占了上風，羅馬競技場不再有腥風血雨。如今斷壁殘垣、荒煙蔓草，訴說千年來的風風雨雨，也醇化著文化和歷史的意蘊。

來到羅馬競技場，最值得欣賞的是後來名揚天下的羅馬柱。不論羅馬競技場的外牆還是

✿ 站立在羅馬競技場，似乎可以穿過時空的隧道，看到歷史在一起一落、一喜一憂之間，演繹出人性的不朽傳奇。

INFORMATION ◦◦◦◦◦

◎ Location ｜ 地理位置

位於義大利首都羅馬的威尼斯廣場南面。

◎ Climate ｜ 氣候特徵

羅馬氣候溫暖，四季鮮明，屬於地中海型氣候，夏季炎熱乾燥，冬季溫暖濕潤。

◎ Best Time ｜ 旅遊時機

☀ 春季。

裡面240個大拱門以及無數小拱門，都是以不同的圓柱作為支撐，由於設計獨到，似乎放大了站立著的人體，使羅馬柱的力度與美感得到了很好的結合，人們在雄偉的建築中不感到渺小，視野裡不感到空洞。從一定意義上說，羅馬柱是羅馬人站立的身姿。在高大的建築面前，人們只同圓柱和框緣構成的拱門相對，直而具體，用不著仰視，用不著自卑。特別是在羅馬競技場，氣魄雄偉，堪稱古代世界最為宏偉高超的建築。它總體呈一個橢圓形，外牆高50公尺左右，相當於12層樓的高度，最大直徑為188公尺，最小直徑為156公尺。建築的一二層用巨型石柱支撐，羅馬柱充分展示了自己的價值。拱頂用水泥和磚，三層以上基本用水泥，外表貼以華美的石塊。

古羅馬建築能滿足各種複雜的工程要求，主要依靠水準高超的拱券結構，獲得寬闊的內部空間。而拱券結構得以推廣，是因為使用了強度高、施工方便、價格便宜的火山灰混凝土。羅馬競技場就是這兩種技術的完美結合，它的設計是如此先進，到現在為止，我們仍然能在所有現代化體育場中看到它的身影。它將藝術性和科學性體現得淋漓盡致，它雄辯地證明著古羅馬建築所達到的高度，當之無愧地成為「永恆之都」的不朽標誌。

如同狄更斯的名言：「這是人們可以想像的最具震撼力的、最莊嚴的、最隆重的、最恢宏的、最崇高的形象，又是最令人悲痛的形象。在它血腥的年代，這個羅馬競技場巨大的、充滿強勁生命力的形象沒有感動過任何人，現在成了廢墟，它卻能感動每一個看到它的人。感謝上帝，它成了廢墟。」羅馬競技場，那壯烈的形象可以震撼宇宙間每一個生命，見證過歷史的榮耀與野蠻，它承載著時光的流逝與時境的變遷。

而今，陽光順著羅馬競技場傾瀉而下，刀光劍影彷彿已刻進斑駁的城牆，又似乎響起古老的喧囂。

※ 從空中俯看，羅馬競技場就像一個螺旋形的海螺。

174

坐擁千年的守望

吳哥

非去不可的理由 ▶▶

這是一座被遺棄的古城，莽莽原林中一個門楣上的雕花、一種莫名銘刻的字體、一段不可錯失的時間……都可讓你的吳哥之旅異常生動並足以銘記。

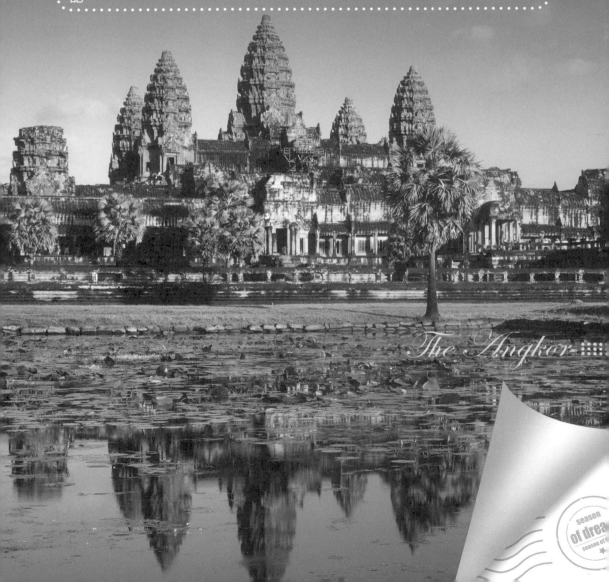

The Angkor

◎ Location | 地理位置

　　吳哥古跡位於柬埔寨西北，距柬埔寨首都金邊300公里。

◎ Climate | 氣候特徵

　　熱帶季風氣候。雨季是5～10月，平均氣溫在33℃左右；旱季為11月到次年的4月，平均氣溫為25～32℃。

◎ Best Time | 旅遊時機

☀ 11月至次年2月。

　　吳哥古跡現存600多處，大吳哥(吳哥城)和小吳哥(吳哥窟)是它的主要組成部分，從12世紀開始，便一直默默地屹立在高棉的大地上。悠悠的歲月中，見證過一個王朝的興盛與沒落，被重重的樹林逐漸吞噬。穿梭在吳哥古跡，雨林的潮濕在所有的建築上留下了一層滑膩的青色，參天的無花果樹枝藤纏繞糾錯、木棉樹與佛塔已經渾然一體。

　　如果你細心，就能從吳哥無數壁畫與雕塑中發現別人忽略的有趣畫面：清明節包粽子的鄉民、殺豬賣肉的華僑、漂洋過海的商人，還有掛著銀元寶鬥雞的賭徒、挺著大肚子待產的孕婦、只綁一條丁字褲的少數民族組成的軍隊……走了再走，看過再看，把所有時間都交與吳哥，就能從這些精美絕倫的浮雕之中，發現先人留下的耳語。

　　小吳哥是吳哥古跡中最宏偉的一個，它是一座多層迴廊環繞、浮雕精美神秘、逐層上升的高塔群。早晨看著陽光一寸一寸地把塔尖染紅，小吳哥的5座石塔彷彿蓮花般憑空出現在視野中。殿門外有藤蘿纏繞的樹，純白粉紅，搖曳生姿；穿著黃色衣服的僧侶或依在牆角，或踽踽獨行。隔著平靜的護城河看這千年前的偉大建築，塔影倒映在水中，更平添了歷史的滄桑。

✿ 吳哥窟精美的浮雕。

　　小吳哥的天女浮雕牆是最扣人心弦的景點。那些天女浮雕造型各異，有的拈花微笑，有的翩翩起舞……天女雕像臉上神秘的微笑，比起蒙娜麗莎真是有過之而無不及。細細流覽著這些藝術，只覺得四處的浮雕彷彿都舞動了起來，周遭彷彿彌漫著花香、笑語……《摩訶婆羅多》與《羅摩衍那》的神話故事雕刻在重重的迴廊上，一幅幅展開，久遠的過去就在此拉開了帷

幕。

　　千年的風雨改變的是歲月，卻未改變這座廢墟的華美。尤其是那麼多的寺廟，巴孔寺、聖劍寺、微笑的巴戎寺、斑駁的塔普倫寺、綠色的班蒂喀黛寺……每座寺廟都有自己獨特的魅力，不妨靜下心來，一個個拜訪一遍，那可是心靈的洗禮，不然《花樣年華》中的梁朝偉也不會來到這裡傾訴自己的往事。

　　巴戎寺是吳哥城的佛教中心，這裡共有54座四面佛塔，每座塔的四面都是一張微笑的巨臉，共216張，每張臉都高達4公尺，低垂眼簾，唇角微翹，一副似笑非笑、高深莫測的樣子。據說這是神的臉龐，此時透過重重微笑遙望遠處的天，心中會逐漸安靜得空無一物，連起身的想法都沒有了。

　　吳哥古跡中最具廢棄感的建築是塔普倫寺，曾經拍攝過《古墓奇兵》的地方，千年的時光使整個建築漸漸與森林融為一體，樹根盤錯地把整個寺廟包裹起來，成千上萬的樹根好像老人的皺紋一樣，寫在塔普倫寺這位老者的臉上，些許陽光透過濃密的樹葉照射進來，布滿青苔的地面上斑駁一片，令人不由得感歎失落的文明。

　　吳哥是一段歷史、一個朝代、一座古跡、一群建築、一門藝術，時光在這裡安靜地坐下。

厚唇，微閉的雙眼，意味深長的笑容，是在迎接遠道而來的客人，其實也是在警惕地探視著四方。

釋放馬雅的靈魂

奇琴伊察

非去不可的理由　→　→

　　任何人，哪怕稍對馬雅文明有一點興趣，都應該在奇琴伊察古城遺址待上至少一個晚上。它是墨西哥古代宗教遺址，這裡的特殊能量場，使我們不由自主地被俘虜，只覺得自己的精神被一個更高級的生命體碰撞而閃出了智慧的火花……

――――――――✦――――――――

　　奇琴伊察古城遺址充分反映了馬雅人高度發展的文化藝術和宗教意識，被認為是膜拜和知識的象徵。如果說長滿青藤的帕倫克和烏斯馬爾更為浪漫的話，那麼奇琴伊察則完全是一副好鬥的架勢。壁畫和石柱描述的全是鬥士、戰役和人類的英勇獻身，這與人們長期以來對馬雅人愛好和平的印象完全背離。

　　奇琴伊察古城遺址的四周是整片的叢林。登高遠眺，習習涼

風拂面，神清氣爽。它位於墨西哥東南部猶加敦半島梅里達市東部120公里處。半島屬石灰岩層地帶，沒有河流湖泊，但有許多因岩層塌陷而形成的天然地下水池或水井，馬雅人的伊察部落能在該處定居建城，靠的就是這些地下水池供水。「奇琴伊察」在馬雅語中即為「伊察人的井口」之意，城市因此而得名。

　　奇琴伊察是古希臘羅馬時期馬雅人的聖殿，其鼎盛時期大約在西元500～700年左右。奇琴伊察的建築以布局嚴謹、結構宏偉而著稱，其雕刻、彩陶、壁畫等都有很高的藝術價值，波南帕克

※ 奇琴伊察的天文觀象台是馬雅建築中極為重要的一座。

INFORMATION ·····

◎ Location ｜ 地理位置

　　位於墨西哥東南部的猶加敦州，梅里達市東120公里處，城內散佈的幾百座建築物周圍為熱帶雨林所環繞。

◎ Climate ｜ 氣候特徵

　　地處熱帶，每年3～9月為雨季，其餘為旱季。5月平均氣溫12～26℃，1月平均氣溫6～19℃。

◎ Best Time ｜ 旅遊時機

☀ 10月至次年1月。

179

不 可 不 看 的 地 方

look

卡斯蒂略金字塔：
奇琴伊察最高的建築，總高30公尺。
卡斯蒂略金字塔的設計顯示了馬雅人所掌握的
豐富天文知識，令人震驚！

壁畫表現貴族儀仗、戰爭與凱旋等，人物形象千姿百態，栩栩如生，是世界壁畫藝術的寶藏之一。而馬雅人能對堅硬的石料進行雕鏤加工，典雅的建築、高超的技術以及輕巧的浮雕，皆證明了他們是這一文明的天才創造者。

　　建於10世紀的卡斯蒂略金字塔是奇琴伊察最高的建築，總高30公尺。9層漸次減小的四方塔身共高24公尺，頂部為高6公尺的方形神廟。神廟中的紅色美洲豹石雕周身鑲有玉石碎片等飾物，金字塔四面的中央位置各有91級台階通向頂部神廟，加上頂部進入神廟的一層平台，正好為365級台階，與1年的天數吻合。而每年春分和秋分的日落時分，金字塔北面會由上而下出現一道曲折

奇琴伊察武士神
廟前林立的石柱。

180

的陰影，與底部巨大的羽蛇頭相接，隨太陽位置變化而緩慢蠕動的陰影就如一條巨蛇一般，持續3小時20分方會消失，這就是「光影蛇形」的神秘奇觀，這是種融天文、地理、物理和建築學為一體所造成的藝術幻覺。卡斯蒂略金字塔的設計顯示了馬雅人所掌握的豐富天文知識，至今令人驚歎。它不僅充分顯示馬雅人的宗教感情，也顯示出馬雅古建築的曆法意義。

奇琴伊察古城中的大量遺跡，無論是卡斯蒂略金字塔東面的武士神廟，以及神廟前曾經的巨型建築遺跡——千柱群，還是其他幾百座大小建築，都讓我們在讚歎奇琴伊察古城發達文明的同時，不由得增添一份感慨。

❧ 卡斯蒂略金字塔是用來祭祀羽蛇神的神廟，它還是一座觀象台，用來觀測太陽、月亮和金星等的運行。

❧ 奇琴伊察羽蛇神石柱上的石刻雕塑。

Petra

沙漠中的玫瑰之夢

佩特拉

非去不可的理由 → →

　　佩特拉最美的時候是清晨，朝陽斜暉將古城染成了絢麗的玫瑰色，岩石映得空氣彷彿都是紅色的了。那是一種豔而不妖的紅，高貴得就像紅玫瑰，怪不得這裡被稱為「玫瑰之城」，也讓每一個在城中漫遊的人體味到生命中的玫瑰園。

　　佩特拉一詞源於希臘文，很可能是《舊約全書》中稱的「塞拉」（意義也是「岩石」），即摩西出埃及後「點石出水」的地方。從約旦首都安曼往南3個多小時的行程，放眼望去到處是茫茫

沙漠，等到前方突然冒出一片黝黑冷峻的山脈，這時你心中的驚喜是難以言喻的，因為雲彩繚繞的山下，就是傳說中阿里巴巴進入的寶庫 －佩特拉。

通往佩特拉的必經之路是一個叫西克的山峽，兩邊的峭壁高入雲天，只給這條道路留了一條窄小的縫隙。峽底兩側岩壁上，有著順山勢蜿蜒爬行引水的石渠。今天，這石渠的水槽還完好地保存著。遙想當年，這長長的水槽不知曾使多少人免遭乾渴之難。在這「一夫當關，萬夫莫開」的西克山峽，水源便是主宰戰爭成敗的主要因素。

轉過峽谷，世上最令人驚歎的建築就呈現在眼前：它高約39.6公尺，寬約30.4公尺，高聳的柱子，裝點著比真人還大的塑像，整座建築完全由堅固的岩石雕鑿而成，這座宏偉的神殿就是佩特拉的象徵──卡茲尼。傳說這裡是歷代佩特拉國王收藏財寶的地方，分上下兩層，帶有羅馬的建築風格。底層由6根直徑2公尺的大圓柱撐著前殿，構成堂皇的柱廊。第二層是三組高大的亭柱雕刻，中間一組為圓形，共有9尊羅馬式神像浮雕，雖然殘缺，仍不失本來神韻。正殿後壁龕豎立著聖母像，栩栩如生。左右殿壁的壁畫，色彩暗淡，但粗獷的線條依稀可辨。整座建築雕鑿在沙石壁裡，陽光照耀下粉色、紅色、桔色以及深紅色層次生動分明，襯著黃、白、紫三色條紋，沙石壁閃閃爍爍，無比神奇，猶如一場剛剛結束的斑斕的夢。

但這座曾經極度繁華的城市，在19世紀初被瑞士探險家貝克

不 可 不 看 的 地 方

look

卡茲尼神殿：

建於紀元初年，傳說這裡是歷代佩特拉國王收藏財寶的地方。整座建築完全由堅固的岩石雕鑿成形，高約39.6公尺，寬約30.4公尺，分上下兩層，具有典型的古希臘後期建築風格。

look

西克峽谷：

通往佩特拉的必經之路是一個叫西克的山峽，峽谷長1500公尺，最寬處不過7公尺，最窄處僅能通過1輛馬車。兩邊的石壁高70～100公尺，抬頭僅能望到一線青天。

不可不看的地方

◎ Location | 地理位置

　　約旦西南部古城，靠近摩西河谷，古代曾為重要的商路中心。

◎ Climate | 氣候特徵

　　沙漠氣候，年平均降雨量很少。

◎ Best Time | 旅遊時機

☀ 4〜5月或9〜10月。

哈特重新發現之前，如同人間蒸發一般，消失在世人的視野中長達1000多年。正因為此，佩特拉的迷人之處除了它幽長的峽谷、絢麗的岩石色彩和美輪美奐的古典建築遺存，更有它傳奇般的歷史讓人唏噓不已。

　　事實上，真正的城市大部分目前仍然還深埋在黃沙下面。地下究竟埋藏著什麼？一座皇宮？一座教堂？無論你走到佩特拉城的何處，你都會面對這樣一些謎。每年，人們在佩特拉古城都能發現新的東西：一根殘留的廊柱、一幢建築、一座拜占庭風格的教堂，還有一些描述往昔當地居民生活的紙草卷軸，或者是過去那些用於匯集水源、令人歎為觀止的水渠、大壩的殘骸……兩千年的風霜洗禮，後人的想像在歷史本來的面目前顯得異常貧瘠，繁華盛世突然從文明視線中消失，傳奇般的歷史更增添了它的神秘。

卡茲尼神殿正面。

最偉大的廢墟

巴爾米拉

非去不可的理由 ▶▶

這是一座富有的城市，也是一座血與淚的城市。沙漠中散落著的建築殘骸觸手可及，高大的凱旋門展示著往日的風光。古代巴爾米拉人已消失在歷史的煙塵中，而在巴爾米拉6平方公里的遺跡之上，分布著塔樓、壁壘、墓穴、神殿、神廟……

紀伯倫在《淚與笑》中寫道：「我來到了塔德木爾廢墟。長途跋涉使我早已筋疲力盡，於是我躺倒在草地上，曲肱而枕。周圍是一些巨大的石椿，歲月把它們連根拔起，又讓它們臥倒在地，好似一場鏖戰之後，沙場上留下的幾具屍體……」

Palmyra

INFORMATION

◎ **Location** | 地理位置

位於敘利亞沙漠北部邊緣的一個綠洲中，人口3萬。

◎ **Climate** | 氣候特徵

屬熱帶沙漠氣候。四季分明，沙漠地區冬季雨量較少，夏季乾燥炎熱。

◎ **Best Time** | 旅遊時機

☀ 春秋兩季。

紀伯倫提到的塔德木爾就位於敘利亞中部的巴爾米拉城。巴爾米拉曾是古絲綢之路上最繁榮、最有文化底蘊的一座綠洲城市。絲綢之路歷史上最美麗的女王扎努比亞，在3世紀中葉統治了美麗的城市巴爾米拉。可是，僅僅過13年，巴爾米拉就遭到了羅馬的鎮壓，一座美麗的城市就此化為灰燼，只有那些巍然屹立在沙海裡的巨大石柱，依然在向人們傾訴它那輝煌的往事，似乎還在溫習著當年的光榮與夢想。直到18世紀，巴爾米拉遺址才再次被世人發現。

今天，巴爾米拉成為敘利亞僅有3萬人口的小城鎮。從敘利亞首都大馬士革乘汽車約行3小時便可到此地。在接連不斷的紅褐色沙漠中，突然出現的一片綠洲便是巴爾米拉，這地方被約50萬株棗椰、橄欖、石榴樹所覆蓋，那一片碧綠映入人的眼簾，真是賞心悅目，你當駐足在讓人想起古城昔日繁榮的遺跡之前時，不禁為其偉容所動。

巴爾米拉以它偉大的廢墟吸引著世界各地的遊人，如果沒有它的存在，巴爾米拉註定會消散在人們的視線中。人們跨過漫

🌼 巴爾米拉城遺址上的柱廊建於西元2世紀哈德良皇帝統治時期。

漫黃沙，就是為了憑弔這個城市滄桑歲月中遺留的古跡，那不僅僅是石頭，也不僅僅是圓柱，而是人類古老文明的家園。微風吹拂，順風諦聽，隱約聽見驅趕羊群的牧童嘹亮的吆喝聲。

在巴爾米拉西面陡峭的山丘頂，聳立著一座土耳其式城堡，在這裡可俯瞰巴爾米拉宏偉的全景。巴爾米拉古城東西3公里，南北2公里。高高的凱旋門是城市主要街道的起點，頂部呈拱形，全用巨石堆砌而成。從中門而入，就是一條長廊，左右梁柱林立，柱頂有精美雕刻，雖然已經殘缺不全，但從中仍然可以看出當年古城的宏偉氣勢。長廊左邊有劇院，屬羅馬式，保存得相當完整，在觀眾席頂部，可眺望巴爾米拉全景。

巴爾米拉另一個傑作是貫穿城市東西、由1200公尺長的石柱組成的長長的廊街，據說，原來這些石柱上曾托著青石水槽，是巴爾米拉的水道。大道兩旁直立著根根圓柱。這石灰石的圓柱兩側加在一起該是750根，雖然有些已經倒伏，可當你穿行其間，依然像進入了時空隧道，靜心傾聽，那高聳的石柱和散落在沙漠上的每一塊石頭，彷彿都在向你講述著一個古老文明的興衰。

不遠處的沙漠之中，散佈著一座座的陵墓，被人叫做「墓場之谷」或「死者之城」。巴爾米拉繁盛時期，富有的貴族競相在這裡建立壯觀的墳墓，墳墓的形狀也隨時代而變化，有塔墓、住房墓、地下墓等。在離古城不遠的塔德木爾博物館裡，陳列著古羅馬神像、鑿花拱門頂石、歷代碑碣、木乃伊棺柩、金銀首飾等巴爾米拉的古文物。這裡還有描述古巴爾米拉人生活的復原模型，牧民們圍著帳篷跳舞以及土著人紡織駝毛的情景惟妙惟肖，彷彿把人帶回了那個曾經輝煌的王朝。

巴爾米拉殘牆上描繪了當年巴爾米拉人生活的壁畫。

失落雲霧中的神話
馬丘比丘 >>>>

非去不可的理由

　　智利詩人巴勃羅‧聶魯達稱讚馬丘比丘是「人類曙光的崇高堤防」。馬丘比丘的沉默、內斂、隱秘以及逝去的光華，值得我們用自己的心靈來感受，這是一個可以緬懷一次人類文明覆滅的地方。

　　「廢墟不會阻礙街市，妨礙前進，現代人目光深邃，知道自己站在歷史的第幾級台階。他不會妄想自己腳下是一個拔地而

起的高台。因此，他樂於看看身前身後的所有台階。」這是余秋雨關於廢墟的描述。也許，這就是我們行走在馬丘比丘的理由之一。

馬丘比丘被稱做印加帝國的「失落之城」。幾百年前西班牙人漂洋過海發現美洲大陸後，除了領土的佔領與侵略，留給後人更多的是文化和文明的侵略，一度輝煌的印加文明最終消失殆盡，唯有這些石磚泥土混合搭建的建築遺跡，沉默地躺在蔥綠色的高原之中，在天地之間看歷史的風雲變化。

有人說馬丘比丘不是石頭城，它是用人的激情、人的夢想、人的血汗築成。在馬丘比丘和匯納比丘兩座山峰之下，一簇簇石質建築和綠草如茵的院子依次排列。城市的農業區裡密布著層層石頭疊成的花園平台，其間有蜿蜒陡峭的小道穿過，通向傳統的門樓。購物區裡的道路則沒有那麼陡峭，許多神廟和茅草覆頂的屋子點綴其中。

儘管它不是王城，但是它總能喚起你心中的敬畏之情。3000多級台階的100多座石梯，把龐大古城的各個不同部分連接了起來：城中宮殿、神廟、祭壇、廣場、街道、倉庫等。馬丘比丘的全部建築都是印加傳統風格的：磨光的規則形狀的牆，以及美妙的接縫技巧，牆上石塊和石塊之間的縫隙連匕首都無法放進去，讓人簡直無法理解印加人究竟是如何把它們拼接在一起的。

馬丘比丘有著眾多的神廟，主神廟、三

當地的印地安人在演奏傳統樂器。

INFORMATION ○○○○○

◎ **Location**　　　　|　**地理位置**

馬丘比丘位於秘魯境內庫斯科西北130公里，為熱帶叢林所包圍，海拔高度2500公尺。

◎ **Climate**　　　　|　**氣候特徵**

馬丘比丘的氣候具有明顯的熱帶雨林特徵。這裡的天氣永遠是晴雨不定。

◎ **Best Time**　　　　|　**旅遊時機**

☼ 5～9月。

馬丘比丘被稱為「消失在雲霧中的城市」，這既是指它的悄然沒落，也是指它經常被雲霧繚繞的景象。

窗廟和聖器收藏室都是最主要的神廟，其中的太陽神廟不僅是印加人祈祭太陽的場所，更是一座天文觀測站。對星相學有興趣的遊客不妨在凌晨就開始遊覽太陽神廟，這兒被認為是一座天象觀測台，它的外形類似墨西哥奇琴伊察的天文台，呈圓形。太陽神廟的建築極好地體現了修建者的創造性，切割得極為精細的大理石沒有用一點水泥，完全靠精巧的設計疊堆在一起，渾然一體，非常堅固。

　　太陽崇拜是整個馬丘比丘的靈魂，他們自稱是太陽的子孫，馬丘比丘城中心處的「拴日石」，就是他們這種信仰的體現。它是一塊精心雕刻過的怪異巨石，中間突出一個石樁，石樁並不高，整個形狀就像一個凸字，看上去樸素不起眼，卻凝聚著古代印加人的精神追求，要牢牢地把太陽拴住，讓它永不沉淪。

　　去馬丘比丘吧，那會讓你心潮澎湃，也會讓你黯然淚下，會讓你失去話語，也會讓你傾訴不止。那是一次對文明的緬懷。

不 可 不 看 的 地 方

 look

拴日石：
　　一塊精心雕刻過的怪異巨石，中間突出一個石樁。要牢牢地把太陽拴住，讓它永不沉淪。

 look

神聖廣場：
　　馬丘比丘的中心，是舉行最重要的宗教儀式的場所。

190

非去不可的
100個旅遊勝地・世界篇

作　　者	《環球國家地理》編輯委員會
發 行 人	林敬彬
主　　編	楊安瑜
編　　輯	李彥蓉
內頁編排	Zoe Chen
封面構成	Zoe Chen
出　　版	大旗出版　行政院新聞局北市業字第1688號
發　　行	大都會文化事業有限公司
	110台北市信義區基隆路一段432號4樓之9
	讀者服務專線：(02) 27235216
	讀者服務傳真：(02) 27235220
	電子郵件信箱：metro@ms21.hinet.net
	網　　　　址：www.metrobook.com.tw
郵政劃撥	14050529 大都會文化事業有限公司
出版日期	2010年1月初版一刷　　2011年5月初版二刷
定　　價	250元
I S B N	978-957-8219-92-2
書　　號	Image-08

Metropolitan Culture Enterprise Co., Ltd
4F-9, Double Hero Bldg.,432,Keelung Rd.,Sec.1,
Taipei 110,Taiwan
Tel:+886-2-2723-5216　Fax:+886-2-2723-5220
E-mail:metro@ms21.hinet.net
Web-site:www.metrobook.com.tw

國家圖書館出版品預行編目資料

非去不可的100個旅遊勝地. 世界篇 ／ 環球國家
地理編輯委員會著. — 初版. — 臺北市：
　　大旗出版：大都會文化發行，2010.01
　　　　面；　　公分
　　　ISBN 978-957-8219-92-2(平裝)

1. 旅遊　2. 世界地理

719　　　　　　　　　　　　　98019276